新荒唐無稽音楽事典

高木壮太

平凡社

凡例

●本文は【項目名】英文表記（人物名の場合は生没年）〔ジャンル〕説明文の順に配列しています。精査精読の限りを尽くし誤謬誤植は皆無であります。間違いを発見した場合は読者自身の認知の歪みを疑ってみてください。

●【項目名】は現代かなづかい五十音順とし、アルファベットで始まる項目もカタカナ表記五十音順としています。一部に原エラム文字やロンゴロンゴなどの文字が含まれますが、解読は筆者が独自の解釈で行いました。

●項目名の英文表記は原則として英語にしたつもりです。他言語については他言語学者に問い合わせてください。

●音楽ジャンルは〔ジャンル〕とし、ジャンルでないものについては〔ジャンル〕を省きました。当たり前のことを何を言っておるのかと言う方へ、これは凡例の体裁を整えるための埋め草でありますからムキになられても困ります。

●説明文は項目の説明のつもりですが、まったく関係のないことも書いてあります。筆者の異常な精神のあり方とご理解ください。

●関連項目は「→」で示していますが、その項目を参照しても項目自体がない場合があります。単純に説明するのが面倒くさかったものとあきらめてください。

【あ】

【アイアン・メイデン】Iron Maiden〔バンド〕

ボーカリストが操縦するジェット旅客機でツアーすることで有名なヘヴィメタル・バンド。乱暴な操縦で生きた心地がしないこのツアー旅客機のことを「鋼鉄の処女」と呼ぶため、バンド名もそこから付けられたという。

【アイク・ターナー】Ike Turner (1931-2007)〔人物〕

嫁をしばきまくって某日蓮宗系団体に駆け込ませた暴力亭主。

→【ティナ・ターナー】

【アイザック・ヘイズ】Isaac Lee Hayes, Jr. (1942-2008)〔人物〕

もともとスタックス・レコードの裏方だったのだが、身体に鎖を巻きつけてものすごく低い声で唄ったら大ヒットして「サウスパーク」にも出る国民的歌手になった。

→【サイエントロジー】

【アイズレー・ブラザース】The Isley Brothers〔バンド〕

アイズレー・ブラザースは50年代、60年代、70年代、80年代、90年代、00年代の全年代でチャートインを果たし、プロデュース、演奏、レーベル運営、マネージメントまで全て自分たちでこなし続けている。しかも過去50年脱税しまくって、とうとうパクられたが、刑務所長が大ファンで破格の待遇を受けつつ服役。最近また復活した怪物グループ。

【アイドル歌謡】あいどる－かよう〔ジャンル〕

英国のパンク・バンド、ジェネレーションXのボーカルやザ・ラトルズのベース奏者が歌う曲。

【アウトテイク】outtake〔一般〕
無名のアーティストが、将来出るかもしれないボックスセット用に録音する楽曲。

【アクセル・ローズ】W. Axl Rose (1962-)〔人物〕
80~90年代に一世を風靡《ふうび》したガンズ・アンド・ローゼズの看板美形ボーカリスト。激しい気性で知られ、89年の初来日公演（於ＮＨＫホール）では大ヒット曲『ウェルカム・トゥ・ザ・ジャングル』を唄わず途中退場したので、ロビーで原田芳雄の息子が「ファッキン・アクセル！」と叫びながら灰皿スタンドを投げて暴れて喝采を浴びていた。

【アゴゴ】agogo〔楽器〕
ウイスキーを飲んで叩きまくる打楽器。
→**【ウイスキー・ア・ゴーゴー】**

【アコーディオン】accordion〔楽器〕
観客から飛んでくるグラスや生卵から胸部を保護するための楽器。腕を防御する時は蛇腹《じゃばら》を左右に開く。

【アージェント】Argent〔バンド〕
繊細なハーモニーと翳《かげ》りのあるメロディで一世を風靡《ふうび》したゾンビーズのリーダーがすべてをかなぐり捨てて始めたハードロック・バンド。楽器屋の経営という副業が多忙すぎて、繊細な翳りどころではなくなったのである。

【アシッドジャズ】acid jazz〔ジャンル〕
ジャイルス・ピーターソンを徳島市秋田町の「しげる」というおにぎり屋に連れていったら、店のベンチャーズ・ファンのオバちゃんにサインをねだられ、ジャイルスのサインは横山ホットブラザーズの色紙の横に飾られた。

【アシッドハウス】acid house〔ジャンル〕

このジャンルで多用されるシンセサイザーTB-303とTR-606の新発売当初の広告は「今日はドラマーもベースも来ないけど、おれにはこいつがあるから大丈夫」という孤独なギタリスト用の伴奏マシンとしてのものであった。

【アース・ウィンド・アンド・ファイアー】Earth, Wind & Fire〔バンド〕

腕は確かだが芽が出なかった黒人バックミュージシャンたちが全米から結集し、商売気のなさを反省して、空を飛んだり、指先からレーザー光線を発射するようになって大ブレイクした梁山泊《りょうざんぱく》的バンド。

【アースシェイカー】Earthshaker〔バンド〕

日本のヘヴィメタル・バンド。東日本大震災の時はバンド名のために自粛を余儀なくされた。

【アストラッド・ジルベルト】Astrud Gilberto (1940–)〔人物〕

ボサノヴァは素人っぽさ、学生っぽさが命なので、プロ歌手のように上手に唄ってはいけない。「ヘタウマ」という概念を発明した微妙に美人な歌手。ぼーっとして少し頭が弱そうなところがまた魅力である。

【アソシエイション】The Association〔バンド〕

カート・ベッチャーにコーラスアレンジしてもらってたのに、会得するやベッチャーを解雇、失意のベッチャーはディスコＤＪになってエイズで死んだ。

【アタウアルパ・ユパンキ】Atahualpa Yupanqui (1908–1992)〔人物〕

インカ帝国の偉大な皇帝の名前を合成した、尊大傲慢《ごうまん》な芸名を臆面もなく使っているわりには、素朴な芸風である。

【アダム・アント】Adam Ant (1954–)〔人物〕

1982年頃はイギリスの首相に選ばれるのではないかといわれるくらい人気があった。同じ頃アメリカの大統領候補はブルース・スプリングスティーンであった。本当の話である。

→**【海賊盤】**

【アタリ・ティーンエイジ・ライオット】Atari Teenage Riot〔バンド〕

うるさい、とにかくうるさい。桂離宮の園内BGMに使われることは絶対にないであろう。

【アップ・ストローク】upstroke〔一般〕

ギター弦で親指を切断する時に用いられる奏法。

⇕**【ダウン・ストローク】**

【アップル・レコード】Apple Records〔会社〕

ビートルズの大成功で儲けた金でEMIはCTスキャンを開発して医学に進歩をもたらした。それを見たメンバーは、インドで知り合ったスティーヴ・ジョブスというヒッピー青年とともに、パーソナルコンピューターの開発に乗り出したのである。

【アート・アンサンブル・オブ・シカゴ】Art Ensemble of Chicago〔バンド〕

ものすごいフリージャズ・バンド。ものすごすぎて女子高生や主婦は1秒で逃げ出す。

【アート・ガーファンクル】Arthur Ira "Art" Garfunkel (1941–)〔人物〕

相棒ポール・サイモンと仲が悪いことで有名。名コンビは不仲という俗説を補強する傍証である。オール阪神・巨人と同じく、互いの連絡先も知らないに違いない。

→**【サイモン&ガーファンクル】**

【アート・テイタム】Art Tatum (1909–1956)〔人物〕

史上最も指が速く動くジャズ・ピアニスト。あんなに複雑な運指を難なくこなすのには、なにか不正があるに違いない、と全ピアニストが疑心暗鬼になるほどである。

【アート・ブレイキー】Art Blakey (1919–1990)〔人物〕

史上最も速いプレスロールができるジャズ・ドラマー。あんなに豪快なロールができるのはなにか不正があるに違いない。

【アトランティック・レコード】Atlantic Recording Corporation〔会社〕

資金潤沢な上流階級のおぼっちゃんがレイスミュージック収集の趣味で始めたレコード会社。金持ちは趣味で商売を始めても、なぜかうまくいくものである。

【アドリブ】ad lib〔一般〕

なげやりな記譜者が書いた楽譜に頻繁に用いられる。

【アート・リンゼイ】Arto Lindsay (1953–)〔人物〕

ルックスも音楽性もファンもインテリである。サミー・ヘイガーと１８０度かけ離れた位置のひとである。

【アナログ】analog〔一般〕

高周波の観点で見たデジタルのこと。

⇕【デジタル】

【アーハ】a-ha〔バンド〕

80年代を代表する大ヒット曲『Take On Me』で有名なノルウェーのペット・ショップ・ボーイズみたいなバンド。カラオケで『Take On Me』を唄い♪In a day or two〜の裏声シャウトのところで脳溢血を起こして死んだひとが多数いる。

【アバ】ABBA〔バンド〕

ナチスドイツ統治下のノルウェーでは、レーベンスボルン計画の一環として、アーリア人種同士の性交渉を奨励しており、その結果生まれたのがABBAのフリーダ・リングスタッドである。ABBAの実績や世界的名声など霞んでしまうくらい衝撃的な話である。

【アフリカ・バンバータ】Afrika Bambaataa（1957-）〔人物〕

ヒップホップ創生に立ち会った神話的人物。彼のMyspaceは登録日が２００７年４月29日で、最終ログインが１ヵ月後の２００７年５月24日である。このことからきわめて飽きっぽい性格であることが推測される。

【アベレージ・ホワイト・バンド】Average White Band〔バンド〕

スコットランドのファンク・バンド。全米デビューツアーは大成功で、ＬＡで行われたツアー打ち上げパーティは盛り上がりすぎてドラマーがオーバードーズで死に、他メンバーも救命治療という空前の大盛況であった。

【アポロ・シアター】Apollo Theater〔劇場〕

ニューヨーク・ハーレムにある劇場。ジェームス・ブラウンは熱演後、汗だくのステージ衣装のまま売店に向かい、ピーナツの売り上げを数えたというから、職員の不正が横行していたようだ。系列店は月面にも建設されそれぞれアポロ11号店、アポロ15号店と呼ばれている。大阪の阿倍野にもある。

【あみん】あみん〔バンド〕

あみんの名前の由来は、さだまさしの歌詞中に出てくる喫茶店「安眠《あみん》」で、さだまさしによると喫茶店「安眠」の名前の由来はウガンダの独裁者アミン大統領であるそうだ。

【アメリカ】America〔バンド〕

『ヴェンチュラ・ハイウェイ』を聴きながらヴェンチュラ・ハイウェイを走ったことがある。当たり前だが最高であった。代表曲『名前のない馬』を聴きながら馬刺しを食べた時も旨かったよ。

【アメリカンプログレ・ハード】american progressive hard〔ジャンル〕

バンドメンバーもスタッフも観客もみんな襟足《えりあし》が極端に長いのが特徴的である。

【アラン・トゥーサン】Allen Toussaint (1938–2015)〔人物〕

ザ・バンドに雪のウッドストックに招聘されたアラン・トゥーサン先生は「ピアノと鉛筆を貸せ」と言って山小屋に引きこもり、『カフーツ』のアレンジを一気に書き上げてすぐニューオーリンズに引き揚げた。どうしても見たいテレビ番組があったのである。

【アラン・ホールズワース】Allan Holdsworth (1946–)〔人物〕

人差し指で6弦1フレットを押さえ、中指で1弦24フレットを押さえるポジションで『お馬の親子』を弾きます。

【アラン・ホワイト】Alan White (1949–)〔人物〕

ジョン・レノンお気に入りのドラマーで何枚ものレコードで共演しているのだが、ジョン・レノンの発言に一切登場しない。名前を覚えられていたのかどうかも不明なところである。

【アラン・メリル】Alan Merrill (1951–)〔人物〕

高名なジャズ歌手を母に持ち、来日して大麻を吸いまくったり、デビューしたり、ジョーン・ジェットの『I Love Rock'nRoll』を作ったりと活躍したアーティスト。日本人の考える「六本木を徘徊する不良外人」の典型的人物である。

【アリア】aria〔一般〕

アリアプロⅡという楽器ブランドがあったが、

「I」は存在したのだろうか？

【アリス】 ありす〔バンド〕
2ギター＋パーカッションという編成のアイデアはリッチー・ヘヴンスなのだそうだ。意外なところにウッドストック・ジェネレーションの影響があるのである。

【アリス・クーパー】 Alice Cooper (1948–)〔人物〕
蛇をステージに持ち込んで一世を風靡《ふうび》したアメリカのハードロッカー。蛇で有名になったエンターテイナーとしては「東京コミックショウ」ショパン猪狩のほうが先達である。

【アリス・コルトレーン】 Alice Coltrane (1937–2007)〔人物〕
→【ヤング・ラスカルズ】
→【サイババ】

【R. E. M.】 アール・イー・エム〔バンド〕
全米の暗いオタク少年に向けて結成されたバンド。アメリカン・フットボールの試合会場や海兵隊の宿舎でR. E. M.の曲が流れることはまずないだろう。

【REOスピードワゴン】 REO Speedwagon〔バンド〕
ロックンロール・バンドから反逆、危険、衝動、セックス、ドラッグという必須要素を取り除いたら、なんと爆発的に人気が出た。アイデアの勝利、発想の逆転の好例である。

【アル・クーパー】 Al Kooper (1944–)〔人物〕
世界一女の子にモテないバンド、ブラッド・スウェット・アンド・ティアーズを結成し、速攻で脱退し、世界一女の子にモテる歌『Jolie』を自作自演した。

【アル・グリーン】 Al Green (1946–)〔人物〕
東京の井の頭線の久我山に「アルグリーン久我山」というマンションがある。オーナーはファンの女性に煮えたぎるソウルフードを浴びせかけられて大火傷を負い、ショックで改心し、信仰の道に入った後、マンション経営に乗り出したのである。

【RCサクセション】あーる‐しー‐さくせしょん〔バンド〕

「夜のヒットスタジオ」でRCが暴れた時にテレビ局に苦情を言ったひとと、故忌野清志郎のロック聖人化を推し進めているひとは同一人物です。

【アル・ジャロウ】Alwyn Lopez "Al" Jarreau (1940–)〔人物〕

ウィスコンシン州ミルウォーキー出身の黒人AORシンガーだが、なぜか名前は広島弁である。

【アルバート・キング】Albert King (1923–1992)〔人物〕

ブルーズ3大キングの1人である。3人揃って活動する時は殿様キングスを名乗る。

【アルバート・コリンズ】Albert Collins (1932–1993)〔人物〕

オープンFマイナーという変態的なチューニングを用いるブルーズ・ギタリスト。尻を掻《か》く仕草をしながら空ピッキングで擬音を出すプレイを好んですることで有名。

【THE ALFEE】じ‐あるふぃー〔バンド〕

信じられない話だが、彼らのルーツはCS&Nである。「ザ・ベストテン」で『Teach Your Children』を唄っているところを実際に見たことがあるので嘘ではない。

【アルベルト・シュバイツァー】Albert Schweitzer (1875–1965)〔人物〕

アフリカのジャングル奥地でキリスト教の伝道と医療に従事した善いひととして小学生にも有名だが、実はパイプオルガン奏者としても超一流である。日本のプロモーターが招聘して、日本橋三越本店のオルガンで橋幸夫の『潮来笠《いたこがさ》』を弾かせようと画策したが、頓挫《とんざ》したエピソードが小林信彦の小説に出てくる。通信手段のないアフリカの奥地にいるシュバイツァー博士に連絡するために、巨石に書いたメッセージを先住民に運搬させて、シュバイツァー博士にプレッシャーを掛ける方策であったという。

【アルペン・ホルン】alpenhorn〔楽器〕

ジャミロクワイを観たスイスの山岳民がディジュリドゥを模して作った楽器。ディジュリドゥとは似ても似つかない音だったので、ムカつく奴の頭蓋骨をカチ割るために使用された。

【アル・ヤンコヴィック】“Weird Al” Yankovic (1959–)〔人物〕

故カート・コバーンも言っているとおり、ウィアード・アル・ヤンコヴィックにパロディされることはグラミー賞受賞の何十倍も名誉なことである。

【アレクシス・コーナー】Alexis Korner (1928–1984)〔人物〕

ブリティッシュロック・ファンなら全員その名前を知っているが、だれも演奏を聴いたことがない師匠。

【アレサ・フランクリン】Aretha Franklin (1942–)〔人物〕

幼少時より天才ゴスペルシンガーとして有名で、ソウルシスターNO・1としてその名声は永遠である。アトランティックのジェリー・ウェクスラーの下でソウル勃興《ぼっこう》期の傑作を放ち、その後シカゴの下町でハンバーガースタンドを夫マット・マーフィーと経営したが、マット・マーフィーの音楽界復帰に難色を示した。

【アンガス・ヤング】Angus Young (1955–)〔人物〕

半ズボン、ランドセル姿という独特のいでたちのおかげで電車もバスも子供料金である。

【アンコール】encore〔一般〕
演者と観客が一丸となって「予定になかったふり」をする厳粛な儀式。byキャロル・キング。

【アンスラックス】Anthrax〔バンド〕
炭疽《たんそ》（炭疽症）の原因になる細菌。病気の原因になることが証明された最初の細菌であり、また弱毒性の菌を用いる弱毒生菌ワクチンが初めて開発された、細菌学の歴史上で重要な位置付けを与えられる細菌である。また第2次世界大戦以降、生物兵器として各国の軍事機関に研究され、2001年にはアメリカで同時多発テロ直後のアメリカ炭疽菌事件に利用された。バンドのメンバーはさぞかし驚いたことであろう。

【安全地帯】あんぜん‐ちたい〔バンド〕
旭川のザ・バンド。

【アンダーワールド】Underworld〔バンド〕
もともとFreurというデュラン・デュランの82番煎じみたいなバンドであったが、ＤＪのダレン・エマーソンが加入して大ブレイク。「ダレン」という名前はＴＶコメディドラマ「奥様は魔女」の夫の名前にちなんで付けられた名前で、この時期の労働階級にしか存在しない名前である。日本における「翔」みたいな労働階級によく見受けられる名前と考えるとよろしい。

【アンディ・ウィリアムス】Howard Andrew "Andy" Williams (1927–2012)〔人物〕
中庸という言葉がこれほど似合う人畜無害な歌手も珍しい。楽屋はモトリー・クルーの打ち上げみたいな様相を呈しているかもしれないという妄想が頭をよぎるほど人畜無害である。

【アンディ・サマーズ】Andrew James Somers (1942–)〔人物〕
バリバリのモッズバンド「ズート・マネー・アンド・ザ・ビッグロールバンド」のギタリストとして活躍後、来英直後のジミ・ヘンドリックスとセッションし、英国で局所的人気を誇ったサイケバンド、ダンタリアンズ・チャリオットを経て、ソフト・マシーンを速攻でクビ、アニマルズで来日しヤクザに追いかけられて逃げ帰り、アメリカでギター教師、ケヴィン・エアーズやニール・セダカのバックを務めた。ここまでの経歴を読むだけでもクタクタになるのだが、このあと「ポリス」で世界的大ブレイクを果たすのである。
→【ザ・ポリス】

【アンディ・パートリッジ】Andy Partridge (1953–)〔人物〕
1986年ベアズヴィル・スタジオ（スタジオのドアノブを激しく摑みながら）。
アンディ・パートリッジ「このアシッドフリークの糞プロデューサー！ドアを開けやがれ！まだまだ入れたい音があるんだよ！」
トッド・ラングレン「売れないバンドのくせに大プロデューサーさまに逆らうとは何事だ、おれの仕事の邪魔をするな」
アンディ・パートリッジ「開けやがれ！」
トッド・ラングレン「警察を呼ぶぞ」

戯曲『スカイラーキング』より

【アントニオ・ヴィヴァルディ】Antonio Lucio Vivaldi (1678–1741)〔人物〕
バロック時代に四季を発明した。それまでは地球の気温は年間を通じて一定であった。

【アントニオ・カルロス・ジョビン】Antonio Carlos Brasileiro de Almeida Jobim (1927–1994)〔人物〕
リオ・デ・ジャネイロ国際空港は『ジェット機のサンバ』の作者に敬意を表し「アントニオ・カルロス・ジョビン国際空港」に改名した。リオ・デ・ジャネイロも「アントニオ・カルロス・ジョビン市」に改名するべきである。いっそのこと南米大陸も「アントニオ・カルロス・ジョビン大陸」に改名するとよろしい。
→【ボサノヴァ】

【アンドレ・プレヴィン】Andre Previn (1929–)〔人物〕
ウディ・アレンと世紀の大不倫スキャンダルを起

こしたスン＝イは、そもそも、アンドレ・プレヴィンとミア・ファーロウの養女であった。ショックを受けたプレヴィンは十二音音楽の泰斗アルノルト・シェーンベルクに卓球の試合を申し込み、これに圧勝して溜飲を下げたと伝えられている。

【アンビエント】ambient〔ジャンル〕
近隣の騒音苦情に最大限に神経質になった人々が始めた音楽。

【アンビエント・サイケ】ambient psychedelic〔ジャンル〕
近隣の騒音苦情だけではなく、ＬＳＤ所持の家宅捜索に神経質になった人々が始めた音楽。

【アンプ】amp〔一般〕
楽譜をそらで覚えること。

【い】

【イアン・アンダーソン】Ian Anderson (1947–)〔人物〕
過去45年間ブリティッシュ・ロックの頂点に（片足で）君臨し続ける巨人である。

【イアン・カーティス】Ian Curtis (1956–1980)〔人物〕
「鬱《うつ》萌《も》え」という人種をあぶりだしたのち首吊り自殺したシンガー。

【イアン・ギラン】Ian Gillan (1945–)〔人物〕
リッチー・ブラックモアの天敵。

【イアン・ペイス】Ian Anderson Paice (1948–)〔人物〕
リッチー・ブラックモアの盟友。

【イアン・マクドナルド】Ian McDonald (1946–)〔人物〕

キング・クリムゾンやフォリナーの管楽器奏者。ボンゾ・ドッグ・バンドにも加入していたなんて知らなかったなあ。キング・クリムゾンの『21世紀の精神異常者』という邦題がレコ倫に抵触しているとやらで、知らぬ間に『21世紀のスキッツォイド・マン』に改題させられていたのはもっと知らなかった。

【イアン・マクレガン】Ian McLagan (1945–2014)〔人物〕

人材派遣業もやってたマーキークラブ系の職人キーボーディストであったが、モッズ・バンド、スモール・フェイセスに請われて加入。本人はぜんぜんモッズじゃなかったのに美容院とブティックに連れて行かれてモッズに強制改造させられたのはキーフ・ハートレイやジョン・ロードと同じ。

【イエス】Yes〔バンド〕

メンバー全員菜食主義者でバンド資金で健康食品店を経営している。新加入のリック・ウェイクマンが「おれは肉を喰う」と宣言しても三顧《さんこ》の礼で迎えた手前「ノー」とは言えなかった。

【イエロー・マジック・オーケストラ】Yellow Magic Orchestra〔バンド〕

『RYDEEN』のシングルを主に買ったのは小学生である。高橋幸宏に憧れて磯釣りを始める子供が続出したといえば、その影響力がわかるだろう。

【イギー・ポップ】Iggy Pop (1947–)〔人物〕

割れたガラスの上を裸で転げ回る、インドの苦行僧のようなパフォーマンスで知られる、バッタのような肉体を持ったアメリカの歌手。

【イーグルス】Eagles〔バンド〕

豪邸に住み、運転手付きのリムジンでスタジアムに乗り込み、楽屋で三つ揃いスーツを脱ぎ、破れたジーンズに穿き替えるバンド。

【イーゴリ・ストラヴィンスキー】Igor Fyodorovich

Stravinsky(1882–1971)〔人物〕
ロシア出身の作曲家だが、『火の鳥』を製作したことから、まんが家でもあったといわれる。体色を自由に変化させることができたことからついたあだ名は「カメレオン」。代表作『春の祭典』初演時は不協和音に耐えられなくなった観客が発狂するという事態になったが、その後、粘り強く再演したため全人類は不協和音に耐えられるようになった。

【イージーリスニング】easy listening〔ジャンル〕
「スロッビング・グリッスルからかけ離れている度」を測る時に用いられる指数。

【EAST END × YURI】イーストエンド－プラス－ユリ〔バンド〕
阪神大震災や地下鉄サリン事件の頃に一世を風靡《ふうび》したラップグループ。

【位相】い－そう〔一般〕
この言葉がポロっと出るとオーディオマニアか熟達のエンジニアと勘違いされる。

【イタロハウス】Italo house〔ジャンル〕
イタリアで製作されたハウス。サンマリノやバチカンで作られたハウスは含めない。

【EDM】イー・ディー・エム〔経済学用語〕
どれだけ金が動くかが最重要視されるジャンル。NYダウやNASDAQみたいなものだと思えばよろしい。

【イビザトランス】ibiza trance〔ジャンル〕
→**【新島盆踊り】**

【今様】いまよう〔ジャンル〕
平安時代のヒット曲。『梁塵《りょうじん》秘《ひ》抄《しょう》』というコンピレーションに多数収録されている。同時代のアンダーグラウンド・ミュージックは散逸して伝わっていない。聴くに堪えぬものが多かったのであろう。

【イヤーワーム】earworm〔心理〕

ある音楽が耳にこびりついて離れなくなる現象。あるひとはサハラ砂漠を徒歩で横断中に『雪の降る街を』が離れなくなったといい、またあるひとは生涯『コパカバーナ』だけが頭の中に鳴り響いて深刻な鬱《うつ》状態に陥ったという。

【イングヴェイ・マルムスティーン】Yngwie Malmsteen (1963–)〔人物〕

カーディガンズなどのスウェディッシュポップスが爆発的流行を見せた時、来日したスウェーデン人モデルにスウェディッシュポップスの話を訊いたら「母国ではずーっとインギーが人気NO・1で、カーディガンズなどだれも聴いていない」と言った。

【インストア・ライヴ】instore live〔商業〕

明るいところで酔ってない客や興味のない客の前で演奏するキャンペーン営業。バンドの真価が問われる地獄の真剣勝負であるため敬遠される。

【インストゥルメンタル】instrumental〔ジャンル〕

耳や口の不自由なひとのボーカルがいるバンドが演奏する音楽。

【印税】いん-ぜい〔法律〕

当事典の印税率は5％で増刷すると比率が上がる。残りの90何％はどこへ行ったのかという話である。

【インダストリアル】industrial〔ジャンル〕

製鉄所や造船所で流されているＢＧＭ。

【インタープレイ】interplay〔一般〕

ヒッチハイカーが高速道路の出入り口で、注目をひきつけるために楽器を弾くこと。

【インディーズ】indies〔一般〕

利潤以外の価値観に深く根ざした活動形態をとる

アーティストやレコード会社を総称した和製英語。利潤以外とは名声への渇望、エゴの無限大の拡張、自己充足などである。

【インテリジェント・ダンス・ミュージック】intelligent dance music〔ジャンル〕
高学歴のひとだけが理解できダンスできる音楽。

【イントロ】intro〔一般〕
フォリナーやEL&Pは製作中の楽曲のイントロを数種用意し、空港などひとの多く集まる場所で「どのイントロが好きですか?」というアンケートを実施して、結果を採用するという製作を行っていたという。

【インピーダンス】impedance〔電気〕
電気回路内の抵抗(レジスタンス/R)、容量(キャパシタンス/C)、インダクタンス/Iにより決定される交流信号の流れやすさ/にくさをあらわす単位。複素インピーダンスともいい、電圧と電流の比からなる複素数で表現し、実数部は抵抗、虚数部はリアクタンスと呼ばれ、容量とインダクタンスからなる。記号はZ、単位はΩ。といっても何のことかわからないでしょうから、とりあえずこの言葉が出てきたら「おれはアーティストだからエンジニアリングのことはわからない」と開き直ってください。

【インペリテリ】Impellitteri〔バンド〕
イングヴェイ・マルムスティーンの97番煎じくらいのギタリストのバンド。スウェーデンではまったく人気がないらしい。

【う】

【ヴァイキングメタル】viking metal〔ジャンル〕
8~11世紀の北欧で流行したヘヴィメタル。大皿に盛られたさまざまなリフを各自が小皿に取り分けて完成される。

【ヴァージョン】version〔一般〕
ギャラをケチったジャマイカのプロデューサーが録音済みのテープをいじくり回して大量生産に成功した手法。ゆえにこの言葉を聴くと仕事を追われたジャマイカ中のスタジオ・ミュージシャンたちが発狂激怒する。

【ヴァネッサ・パラディ】Vanessa Paradis (1972-)〔人物〕
レニー・クラヴィッツの生涯最高傑作は彼女の『Vanessa Paradis』（１９９２年）である。その後レニーと別れ、宇宙人と戦った。

【ヴァーノン・ガールズ】The Vernons Girls〔グループ〕
リヴァプールの賭博業者がピチピチの少女たちをだまくらかして結成したＡＫＢ48の元祖みたいな16人編成のグループ。レディバーズやブレイカウエイなど数々の派生グループを創出し、英国の音楽シーンの裏表に音楽とセックスを提供した。

【ヴァンゲリス】Vangelis (1943-)〔人物〕
本名 Ευάγγελος Οδυσσέας Παπαθανασίου。風呂から裸で通りに飛び出して「エウレーカ！」と叫びだしたくなるような字面である。短距離走の時にヴァンゲリスをかけると最高に盛り上がるから試してごらん。

【ヴァン・ダイク・パークス】Van Dyke Parks (1943-)〔人物〕
まったく売れないアルバムを数十年間作り続けられるのはワーナーの重役だからである。

【ヴァン・ヘイレン】Van Halen〔バンド〕
死ぬ瞬間はきっと、生前会ったひと全員を愛おしく想うだろう。縁なく会えなかったひとのこともまた愛おしく想うだろう。しかしヴァン・ヘイレンを裏切って独立したあのヴォーカリストだけは絶対に許さないだろう。

【ヴァン・モリソン】Van Morrison (1945-)〔人物〕

まったく売れないアルバムを数十年間作り続けられるのは奥さんがミス・アイルランドだからである。

【ウィー・アー・ザ・ワールド】We Are The World〔楽曲〕
20世紀を代表する天才アーティストたちが大集結して世界中で大ヒットしたが、中古レコード屋では買取不可になっているのは不思議なことである。

【ヴィヴィアン・ウエストウッド】Dame Vivienne Westwood, DBE (1941-)〔人物〕
マルコム・マクラーレンとブティック「ＳＥＸ」をオープンし「パンクファッション」の創始者と名乗ったことからジョン・ライドンに生涯にわたって罵倒《ばとう》され続けることになった。

【ウィ・ウィル・ロック・ユー】We Will Rock You〔楽曲〕
この曲が始まると全員足踏みを始めるので、建物の耐震強度の測定に用いられるクイーンの楽曲。

【ヴィオラ】viora〔楽器〕
皇太子浩宮殿下のご愛用楽器。秋篠宮殿下の担当楽器は梵字が描かれた改造オシレーターである。

【ヴィジュアル系】びぃじゅある-けい〔ジャンル〕
眼が見えるひと向けのバンドの総称。

【ヴィブラスラップ】vibraslap〔楽器〕
キハーダというマグロの一種の代用品として用いられるラテン・パーカッション。寿司ネタの偽装魚はよくあるが、打楽器まで寿司ネタに使用するとはおそろしいことである。

【ヴィブラート】vibrato〔奏法〕
音程を小刻みに上げたり下げたりして得られる効果。言い回しが直接過ぎてキツい時はオブラートに包む。

【ヴィブラフォン】vibraphone〔楽器〕
演奏者が瀕死《ひんし》の重傷を負った時には手術台にもな

る便利な楽器。

【ウィルソン・ピケット】Wilson Pickett (1941-2006)〔人物〕
「鋼鉄の喉」の異名を持つ絶叫系ソウルシンガー。喉のポリープは電気溶接機で切除したとのことである。

【ウィル・ユー・ダンス?】Will You Dance?〔楽曲〕
ジャニス・イアンの楽曲。本国ではシングルカットされなかったらしいが、日本ではこの曲がオンエアされた途端、堤防が決壊し家が流される大惨事になった。

【ヴィレッジ・ピープル】Village People〔グループ〕
カウボーイ、警官、道路工事夫、革マッチョ、兵隊、インディアンによって結成されたゲイ・オリエンテッド・グループ。あまりにあざとすぎてゲイ受けはいまひとつであったようである。

【ウイングス】Wings〔バンド〕
ポール・マッカートニーによる独裁バンド。マッカートニーが大麻不法所持で逮捕されたのを契機に解散、メンバーは解放された。「成田の春」と呼ばれている。

【ウインド・チャイム】wind chimes〔楽器〕
『いとしのエリー』のために開発された打楽器。

【ウィントン・マルサリス】Wynton Learson Marsalis (1961-)〔人物〕
まったく毒にも薬にもならぬ。「おジャズ」の典型である。

【ウェイラーズ】The Wailers〔バンド〕
ラスタになったのはマーリーがいちばん遅い。それまでは「テンプテーションズのボーカルになる」と荒唐無稽なことを言っていた。リーゼントに最後まで抵抗したキャロルの永ちゃんのような逸話である。

【ウェイン・ショーター】Wayne Shorter (1933–)〔人物〕

『スイングジャーナル』誌の人気投票ソプラノサックス海外部門において、1973年から少なくとも2001年まで29年連続1位に輝いている。このためソプラノサックスを習得しようとするものが1人もいなくなったので、楽器メーカーから訴えられた。

→【ウェザー・リポート】

【ウェザー・リポート】Weather Report〔バンド〕

どっかの大学のジャズ研の部長は上沢君で、彼のバンド名は「上沢リポート」である。

→【ジョー・ザヴィヌル】

→【ウェイン・ショーター】

→【ジャコ・パストリアス】

【ウエストコースト・ジャズ】west coast jazz〔ジャンル〕

地球の自転の向きが深く関係しているジャズ。自転が逆転すればニューヨークがこのジャンルの中心となるであろう。

【ヴェノム】Venom〔バンド〕

アルバムタイトルや曲名に「Hell」、「Evil」がかなりの頻度で付く。2008年発売通算20枚目のアルバムタイトルは『Hell』である。

【ヴェルヴェット・アンダーグラウンド】The Velvet Underground〔バンド〕

80年代初期、オシャレなカフェバーは店内にヴェルヴェット・アンダーグラウンド1st の通称「バナナ」アルバムのジャケットと、ロス疑惑三浦和義謹製の「アヒルランプ」を飾るのが流行であった。

【ウェンディ・カーロス】Wendy Carlos (1939–)〔人物〕

『スイッチト・オン・バッハ』の時は男だったが、『時計仕掛けのオレンジ』の時は女になっていたシンセサイザー奏者。

【ウォー】War〔バンド〕

ラテン・ソウル・レゲエ・ファンク・ロックが奇

跡のブレンドで融合された稀有《けう》の音楽性を持つ素晴らしいバンド。演奏はラフである。メンバー全員黒人だが、英語が話せないデンマーク人のハーモニカ奏者を公園で拾い加入させたら、そのハーモニカ奏者がソロで大ブレイクして大富豪になった。

→【リー・オスカー】

【ウォーキング・ベース】walking bass〔楽器〕

夢遊病で徘徊癖《はいかいへき》のあるベース奏者のこと。

【ウォルター・ベッカー】Walter Carl Becker (1950–)〔人物〕

宮崎駿によく似たスティーリー・ダンの寡黙《かもく》なギタリスト。

→【スティーリー・ダン】

【ウクレレ】ukulele〔楽器〕

プロレスラーが持つとウクレレだが、ミゼット・プロレスが持つとギターに見える楽器。

【失われた週末】うしなわれた－しゅうまつ〔歴史〕

シンシアと小野洋子に拘束されつづけてきたジョン・レノンがＬＡで本能の赴くまま爆発暴走した。一般にはジョン乱心の時期と言われているが、見方を変えれば、欧米のロックスターたちが献身的な努力で小野洋子の洗脳を解きロックンロールのカリスマを甦らせようとする「挫折したルネッサンス」ではなかっただろうか。

【ウータン・クラン】Wu-Tang Clan〔グループ〕

ヒップホップ界のＡＫＢ48。

【内山田洋とクールファイブ】うちやまだ－ひろし－と－くーるふぁいぶ〔バンド〕

長崎のナイトクラブで人気を博したバンドであるが、メインボーカルの前川清が加入すると、前川とバックコーラス隊のようになった。「バンド名にもなっているリーダーがまったく目立たないバンド」としては、スペンサー・デイヴィス・グループ、ブリンズレー・シュウォーツ、Ｊ・ガイルズ・バンド、クール&ザ・ギャングなどがある。

【ウッドストック】woodstock〔フェスティバル〕
１９６９年にニューヨーク近郊で行われた野外フェス。映画が大ヒットしたので世界中のひとが詳細に知っているが、実際に行った者は大雨と泥沼と食糧不足と粗悪ドラッグとトイレ待ち３時間で、コンサートどころではなかった。

【ウディ・ガスリー】Woodrow Wilson "Woody" Guthrie (1912-1967)〔人物〕
ボブ・ディランや高田渡の大師匠格の伝説のフォークシンガー。しかし弟子たちのようにインチキ石油会社に投資して財産を溶かしたり、吉祥寺の「いせや」でとぐろを巻くなんてことはしなかった。

【ウーファー】woofer〔電気〕
低域を再生するためのスピーカーユニット。さらに巨大なものはサブ・ウーファーと呼ばれる。某サウンドシステムのリーダーは家族４人でサブ・ウーファーの中に住んでいるという。

【ウラディミール・ホロヴィッツ】Vladimir Samoilovich Horowitz (1903-1989)〔人物〕
はるか戦前から伝説的な名ピアニストとして名声を博していたが、50年代に隠遁、その後カムバックしニューヨークの伝説的ディスコ「STUDIO54」でビアンカ・ジャガー、アンディ・ウォーホルらと踊り狂った。指を伸ばして弾くので全世界のピアノ教師から忌み嫌われている。

【ウリ・ジョン・ロート】Uli Jon Roth (1954-)〔人物〕
ジミ・ヘンドリックスの96番煎じくらいのドイツ人ギタリスト。寝取った妻もヘンドリックスのお下がりという徹底ぶりである。

【ウルトラヴォックス】Ultravox〔バンド〕
セックス・ピストルズ関係者でもっとも成功したのはミッジ・ユーロとヴィヴィアン・ウエストウッドであろう。

【え】

【エア・ギター】air guitar〔楽器〕
空気でできたギターのことらしい。詳細は不明だが小野洋子的なコンセプチュアル・アート作品であると思われる。

【エア・チェック】air check〔一般〕
ラジオを聴いたふりをすること。

【エア・モニター】air monitor〔電気〕
モニターしたふりをすること。

【ARB】えー-あーる-びー〔バンド〕
「アーブ」と読む九州出身のロックバンド。
→【THE ORB】

【エアロスミス】Aerosmith〔バンド〕
レッド・ツェッペリンとザ・ローリング・ストーンズを足して2で割ったバンド。RUN DMCという天敵のような黒人ラップグループのおかげで命拾いしたのは恥辱である。

【映画音楽】えいが-おんがく〔ジャンル〕
眼と耳が健常なひと向けの音楽。

【エイジア】Asia〔バンド〕
大艦巨砲主義を標榜《ひょうぼう》した産業ロックの権化である。Crassあたりと炎の競演をしてほしいものである。

【エイス・オブ・ベイス】Ace of Base〔バンド〕
90年代のABBA。メンバーのウルフは元ネオナチで、鉤十字《かぎじゅうじ》と縁が深いところなどもABBAそっくりである。

【エイト・ビート】8beat〔一般〕

8人で叩くビート。

【エイト・フィンガー奏法】8finger〔奏法〕

指を2本詰めた任侠道のひとが使う奏法。

【エイドリアン・シャーウッド】Adrian Sherwood(1958–)〔人物〕

エイ、エイ、エイ、エイ、エイ、エイ、エイ、ドリアンアンアンアンアンアンアン、シャシャシャシャシャシャシャ、ウッ、ウッ、ウッ、ウッ、ウッ、ウッド、プレジデーント・オブ、オブ、オブ、オブ、オブ、オブ、オブ、オン、ユー、ユー、ユー、ユー、ユー、ユー、ユー、ユー、ユー、ユー、　サアアアアアアアウウウウウウンド、シンス、ナインティーンセブリーナインインインインインインインイン…。

→【ダブ】

【エイドリアン・ブリュー】Adrian Belew(1949–)〔人物〕

80年代初頭に突如出現した時は「ギターで象の鳴き声を真似する超絶ギタリスト」として四国の片田舎の中学生にも有名であった。月移り星流れ30年。いまでも「ギターで象の鳴き声を真似する超絶ギタリスト」と呼ばれているのだから、四国の中学生の認識は正しかった。

【エイベックス】avex〔会社〕

本社会議室に行ったら、人間が入ることのできる酸素ボックスが設置してあった。これで仮眠すれば1時間で8時間ぶんの睡眠が取れるのだという。眼の下にクマを作った社員が入れ替わり立ち替わり利用していたが、そういう社風なのである。

【エイミー・ワインハウス】Amy Winehouse(1983–2011)〔人物〕

「典型的ユダヤ人の風貌」の代表は、かつては男ボブ・ディラン、女バーブラ・ストライサンドだったのだが、いまはエイミーである。彼女が死んで一番悲しんだのは、最高の顧客を失った薬物リハビリ施設である。

【AOR】エー・オー・アール〔ジャンル〕
「あまりにもオシャレなロック」の略。

【エキサイター】exciter〔一般〕
興奮しやすいひとのこと。

【EXILE】えぐざいる〔グループ〕
→【若衆組】
→【若者宿】

【エクストラトーン】extratone〔ジャンル〕
ガバから派生した超高速ノイズビート音楽。1000BPMを超えるそうである。これに比べればトンネル工事の現場の騒音など図書館のようなものである。

【AKB48】えーけーびー・ふぉーてぃーえいと〔グループ〕
48人もいるとうち10人は常にPMS中である。

【エコー】echo〔一般〕
貧乏ミュージシャンがよく吸っている安タバコ。

【AC／DC】えーしーでぃーしー〔一般〕
「汗だく」の頭文字をとった、ミュージシャン・スラング。

【エセル・マーマン】Ethel Merman (1908–1984)〔人物〕
エイミー・ワインハウスやバーブラ・ストライサンドの大先輩のユダヤ大姉御である。

【エタ・ジェイムズ】Etta James (1938–2012)〔人物〕
「ピーチ」の愛称で知られるチェス・レコードの天童よしみ。
→【山田なづ】

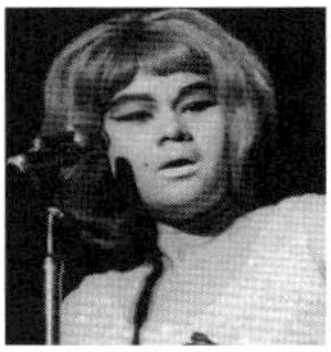

【X JAPAN】えっくす‐じゃぱん〔バンド〕

ＮＨＫホールには日本最大のパイプオルガンがある。レピッシュのひとが借りに行ったら断られたそうだ。ところがYOSHIKIには簡単に貸した。世の中ヤンキーに優しくサブカルに厳しいという例である。

→【YOSHIKI】

【ＸＴＣ】えっくす‐てぃー‐しー〔バンド〕

→【アンディ・パートリッジ】

【エディ・コクラン】Edward Ray Cochran (1938–1960)〔人物〕

リーゼントとラバーソールが世界一似合う歌手。

【エディ・ジョブソン】Edwin "Eddie" Jobson (1955–)〔人物〕

カーヴドエアー→ロキシー・ミュージック→マザーズ→ＵＫ→イエス、と演奏の難しそうなバンドばかり渡り歩く頑固そうなキーボード、バイオリン奏者。４分以下の短い曲や『ルイ・ルイ』は演奏できないらしい。

【エディット・ピアフ】Edith Piaf (1915–1963)〔人物〕

ジャン・コクトーはエディット・ピアフの訃報《ふほう》を聞きショック死した。本当である。

【エディ・ヘイゼル】Eddie "Maggot Brain" Hazel (1950–1992)〔人物〕

Ｐファンクのハンサムな看板ギタリスト。薬物でラリラリになってスチュワーデスを殴り、ムショにぶち込まれ、Ｐファンクをクビになって死んだ。

【エドウィン・スター】Edwin Starr (1942–2003)〔人物〕

素手で10人くらいぶち殺しそうな凶暴な風貌だが、鳩を持ってピースサインをして反戦ソウルナンバー『黒い戦争』を唄い一世を風靡《ふうび》した。

【エド・サリヴァン・ショー】The Ed Sullivan Show〔放送〕

『空手バカ一代』によると大山倍達《ますたつ》がエド・サリヴァン・ショーに生出演中、李青鵬《りせいほう》一派に襲われ死闘が繰り広げられ、完敗した李は以降、大山を「先生」と呼ぶことになる。これに関しては映像の発掘も含め、現在も調査中である。

【エドワード・ヴァン・ヘイレン】Edward Van Halen (1955–)〔人物〕

実家の仏壇をエドワード・ヴァン・ヘイレン・モデルに塗装する者が出るほどの永遠の笑顔のギターヒーローである。

→【ヴァン・ヘイレン】

【エフェクト】effect〔一般〕

麻薬、またはそれを用いること。

【エマーソン・レイク・アンド・パーマー】Emerson, Lake & Palmer〔バンド〕

メンバー全員エゴの塊で、ミックス・ダウン時は各自が自分のパートのフェーダーを最大限にまで上げて譲らず常に取っ組み合い状態であった。

→【キース・エマーソン】

【エミネム】Eminem (1972–)〔人物〕

六本木の米軍人御用達バー「ガスパニック」で兵隊どもが合唱する歌をたくさん作ったひと。

【ＭＣ５】エム・シー・ファイヴ〔バンド〕

貨幣制度の撤廃と、路上でファックする権利、ホワイトハウスを国立ＬＳＤ研究所にする、という公約を掲げたポリティカルな轟音《ごうおん》バンドで、みずから「人民のバンド」を名乗っていた。ところがある日、ＭＣ５の全機材が車ごと盗難にあうという事件があった。盗難したのは別の人民だったのである。

【ＭＤ】エム・ディー〔メディア〕

編集ができる革命的メディアとして登場し、みな三木道山《みきどうざん》（現DOZAN 11）やドリカムを録音し一世を風靡《ふうび》したが、数年で誰も使わなくなって忘れ去られてしまった。

【MP3】エム・ピー・スリー〔技術〕

ニール・ヤングの天敵。

【エモ】emo〔ジャンル〕

前髪を垂らして顔の半分を隠す独特のファッションの若者が奏でるロック。当然ながら、額が後退して髪が薄くなった中年には理解も和解も不可能である。

【エリカ・バドゥ】Erykah Badu (1971-)〔人物〕

意識の高そうなアメリカ人女性歌手。

【エリス・レジーナ】Elis Regina Carvalho Costa (1945-1982)〔人物〕

意識の高そうなブラジル人歌手。

【エリック・カルメン】Eric Carmen (1949-)〔人物〕

ラズベリーズにいたりバカ映画『フットルース』に曲を書いてたりするので意識はあまり高くなさそうである。

【エリック・クラプトン】Eric Patrick Clapton, CBE (1945-)〔人物〕

→【柳ジョージ】

【エリック・ゲイル】Eric Gale (1938-1994)〔人物〕

NYのスタジオ・ミュージシャンの神様的ギタリスト。マット・マーフィーの演技力がもう少し低ければ、映画『ブルース・ブラザース』のアレサ・フランクリンの店でハンバーガーを焼いていたのは彼であったはずである。

【エリック・サティ】Erik Alfred Leslie Satie (1866-1925)〔人物〕

聴いてみたが、ぜんぶ坂本龍一のパクリではないか。訴えられるぞ。

【エリック・ドルフィ】Eric Dolphy (1928–1964)〔人物〕
おなじみの山羊鬚《やぎひげ》とバスクラリネットでアブストラクトなソロを猛烈に練習していたところ、階上に住む川添象郎《しょうろう》に騒音として苦情を言われたという。

【エルヴィス・コステロ】Elvis Costello (1954–)〔人物〕
偉大な先輩たちのタイコモチを続けているうちに、本人も偉大なミュージシャンになった。木下藤吉郎みたいなミュージシャンである。

【エルヴィス・プレスリー】Elvis Aron Presley (1935–1977)〔人物〕
ラスベガスにはエルヴィスのそっくりさんだけを50人集めた芸能事務所がある。シド・バレットのそっくりさんを集めた芸能事務所はないので、その知名度は破格である。

【ＬＳＤ】エル・エス・ディー〔薬品〕
スイス人科学者アルバート・ホフマン博士が合成した強力な幻覚剤。60年代に欧米で大流行し芸術、政治、社会に重大な影響をもたらし、アセンション寸前まで行ったが、ジョギングやエアロビクスが流行すると飽きられ下火になった。

【ＬＡメタル】L.A. metal〔ジャンル〕
ヘアスプレー製造業者が団結してでっちあげた音楽ジャンル。その派手できらびやかなルックスは鳥類学者の注目を集めた。

【エルトン・ジョン】Sir Elton Hercules John, CBE (1947–)〔人物〕
英国の巨ゲイ歌手ロング・ジョン・ボルドリーのお稚児さんだった無名時代にキング・クリムゾンのオーディションを受けたことがあるそうである。

【エルトン・ディーン】Elton Dean (1945–2006)〔人物〕
「カンタベリー系」という音楽シーンはメンバーたちの親の仕送りがないと到底成立しなかったであろう。（引用元『プロ無職入門』P-Vine Books）

【エルビン・ジョーンズ】Elvin Jones (1927–2004)〔人物〕
腕2本だけであんなドラムを叩くのは人間には不可能である。不正の匂いがぷんぷんする。

【エレクトリック・ギター】electric guitar〔楽器〕
装飾電球を点けたアコースティック・ギター。

【エレクトリック・ベース】electric bass〔楽器〕
モーターを搭載して自走できるようにしたウッド・ベース。

【エレクトリック・ライト・オーケストラ】ELO〔バンド〕
ビートルズの116番煎じくらいのバンドであるが、後に再結成ビートルズをプロデュースするまでに上り詰めた。栗田貫一がルパン3世の声優山田康雄の後任になったのと同じケースである。

【エレクトロクラッシュ】electroclash〔電気〕
電力会社間の抗争。

【エレクトロニカ】electronica〔ジャンル〕
高学歴、可処分所得の多そうなひとたちが好むコンピューターを使った音楽。豹柄のタンクトップとか、フリンジのついた革ジャンなどとは無縁の世界である。

【エレクトロニック・ボディ・ミュージック】electronic body music〔ジャンル〕
ジョアン・ジルベルトの音楽と180度対極に位置する音楽である。

【エレファントカシマシ】えれふぁんと－かしまし〔バンド〕
歴史の長い、演奏の巧みな日本のバンド。宮本浩次のカリスマ的でアクの強い歌唱も魅力である。調布市営プールではエレファントカシマシの1曲が延々とエンドレスで流されており、気が狂うかと思ったよ。

【エンドレス・テープ】endless tape〔電気〕

『エンドレス・ラブ』が何万回も繰り返し再生されるテープのこと。

【エンニオ・モリコーネ】Ennio Morricone（1928–）〔人物〕
高田馬場の早稲田松竹に行くとよくかかっている。

【エンベロープ】envelope〔一般〕
封筒。

【エンベロープ・ジェネレーター】envelope generator〔一般〕
封筒を生成する機械。

【エンヤ】Enya〔会社〕
１９５３年に設立された日本のラジコン模型用エンジンメーカー。塩谷製作所。

【エンリコ・カルーソー】Enrico Caruso（1873–1921）〔人物〕
大盛りのスパゲティを食べながら聴くと最高である。

【お】

【オアシス】Oasis〔バンド〕
シンプルで演奏が簡単なので千葉県だけでコピーバンドが１０００個以上あったそうである。

【オイパンク】oi!〔ジャンル〕
ひとを呼び止めるパンクス。

【欧陽菲菲】おうやん－ふぃふぃ（1949–）〔人物〕
田岡一雄山口組3代目が大日本正義団の鳴海《なるみ》清に狙撃された京都京阪三条の高級ナイトクラブ「ベラミ」でのライヴ盤は凄まじい。ファニア・オールスターズ『Live at the Cheetah』を上回る熱狂ぶりである。

【大瀧詠一】おおたき－えいいち（1948–2013）〔人物〕
イラストレーターの太田螢一と名前の発音がほぼ同じである。「おおたきえいいち」「おおたけいいちち」。ネイティヴの日本人でもその聴き分けは困難である。

【オクターブ】octave〔一般〕

演説中のオバマ大統領の耳の穴に舌を突っ込むと、声が1オクターブ高くなる。

【オーケストラ】orchestra〔一般〕

なにやら古代生物の名前みたいな響きである。

【尾崎豊】おざき‐ゆたか(1965–1992)〔人物〕

ヒトサマのバイクを盗み、ヒトサマの家の庭で錯乱死した日本のカート・コバーン。

【小澤征爾】おざわ‐せいじ(1935–)〔人物〕

指揮者。オーケストラのメンバーは演奏中、小澤征爾を無視していることで有名。

【オジー・オズボーン】John Michael "Ozzy" Osbourne (1948–)〔人物〕

「オズボーンズ」の大ヒットを受けて、現在続編である「アイオミ・ファミリー」の企画が進行中とのことである。

→**【ブラック・サバス】**

【オスカー・ピーターソン】Oscar Emmanuel Peterson (1925–2007)〔人物〕

腕2本だけであんなピアノを弾くのは人間には不可能である。不正の匂いがぷんぷんする。

【オーティス・クレイ】Otis Clay (1942–2016)〔人物〕

「オーティス」にしても「クレイ」にしても、いかにも黒人らしい名前である。本人は正真正銘ミシシッピー出身の黒人でゴスペルを唄ってハイ・レコードに所属したというのだから、もう真っ黒、黒の黒である。

【オーティス・レディング】 Otis Ray Redding, Jr. (1941–1967)〔人物〕

〝天は二物を与えず〟というが、それに反してオーティス・レディングは声も身体も態度もでかい。

【落とし】 おとし〔一般〕

ミックス・ダウンのこと。あまりの出来の悪さに、がくっと肩を落とすことに由来する。

【オートハープ】 autoharp〔一般〕

口から琴を吐くこと。

【オート・パン】 auto pan〔一般〕

首を左右に振って吐き散らすこと。

【オート・リバース】 auto reverse〔一般〕

吐きそうになった吐瀉物をこらえて呑みこむこと。

【おニャン子クラブ】 おにゃんこ-くらぶ〔グループ〕

性犯罪の温床のような名称である。

【オーネット・コールマン】 Ornette Coleman (1930–2015)〔人物〕

修業時代はエレベーター・ボーイをやりながら理論書を読みふけりエレベーター・ミュージックを創始した。衝撃的なデビューを飾ったが一向に金が入らないので小野洋子とバンドを結成した。

【小野洋子】 Yoko Ono Lennon (1933–)〔人物〕

ビートルズからギタリストを引き抜き、自身のバック・バンドに加入させた巨乳の前衛芸術家。

【オーバー・ダビング】 over dubbing〔一般〕

外套を2枚重ねて着ること。非常に寒いことのたとえ。

【オーバーホール】 overhaul〔一般〕

外套に開いた穴のこと。

【オフコース】おふこーす〔バンド〕
テレビ番組に出ないことで有名になったグループ。おそらくYouTubeやニコニコ動画に出まくるつもりだったのだろう。

【オペラ】opera〔ジャンル〕
役柄どうしの対話は重唱で行われ、群衆などが登場する場面では合唱も加わることがあるが、絶対に途中で笑ってはいけない。

【オーム】ohm〔電気〕
電気抵抗の単位。１Ｖの電圧が加わった時、１Ａの電流を流す抵抗が１Ωである、といっても何のことかわからないでしょうから、とりあえずこの言葉が出てきたら「おれはアーティストだからエンジニアリングのことはわからない」と開き直ってください。

【親指ピアノ】thumb piano〔楽器〕
親指でできたピアノ。どのようなものかわからぬが、おそろしげな楽器である。

【オラトリオ】oratorio〔ジャンル〕
聖書を題材にした、簡素なオペラ。これも途中で笑ってはいけない。

【オリエンタルメタル】oriental metal〔ジャンル〕
オリエンタルカレーは愛知県、メタルインドカレーは大阪府にあるインスタントカレーメーカーである。混同してはいけない。

【オリジナル】original〔一般〕
パクリがバレなかった時に用いられる言葉。

【ORIGINAL LOVE】おりじなる - らぶ〔バンド〕
田島貴男は渋谷系出身の最大のカリスマの１人であるが、80年代以降生まれのひとにとってはディヴ平尾的な往年の歌手の一味だということである。

【オリビア・ニュートン＝ジョン】Olivia Newton-John

(1948-)〔人物〕
「清楚さ」を凝縮して実体化させたような歌手。下積みが長かったので初期の頃には芸能界のアカがつきまくったエロいパフォーマンスもある。そういう経歴の変遷を立体的に楽しめるところがＯＮ－Ｊの魅力であろう。

【オリンピック・スタジオ】Olympic Studios〔スタジオ〕
イギリスでアビー・ロードの次に有名な成金スタジオ、ジャン＝リュック・ゴダールの『ワン・プラス・ワン』の退屈なリハーサル・シーンで有名。プロ・トゥールスの圧力がかかり２００９年に閉鎖。

【オルタナティヴ・ロック】alternative rock〔ジャンル〕
90年代以降「反ＭＴＶ」のもとに結集したさまざまな音楽の総称。これが席捲してくるというまでもなくＭＴＶはオルタナティヴ・ロック一色になった。

【オールドスクール・ハードコア】oldschool hardcore〔ジャンル〕
ハードコアなどと言って無頼がっている者も、昔はかわいらしい小学生だったのである。それを懐かしむこと。

【オールマン・ブラザーズ・バンド】The Allman Brothers Band〔バンド〕
メンバー全員、お気に入りのマジックマッシュルームのタトゥーを入れている不良バンド。本人たちも悪そうな風体だが、ローディーたち（『Live at the Fillmore』裏ジャケ参照）はさらに悪そうで子供が見たらひきつけをおこしそうな風体である。

【オレンジ・カウンティ・ブラザーズ】orange county

brothers〔バンド〕
→【ヒッピーバンド】

【音圧】おん‐あつ〔一般〕
騒音苦情の来る原因。

【音圧レベル】おん‐あつ‐れべる〔一般〕
騒音苦情の来る危険度の指数。

【音楽評論家】おんがく‐ひょうろんか〔一般〕
常に音楽家からの暗殺対象とされているため、護身術のエキスパートである。

【音楽療法】おんがく‐りょうほう〔医学〕
いまにも死にそうなひとに『天国への階段』を聴かせたり、怪我で動けないひとに『ドクター・ドクター』を聴かせたりすること。

【鬼太鼓座】おんでこ‐ざ〔バンド〕
→【ヒッピーバンド】

【か】

【海援隊】かい‐えん‐たい〔バンド〕
→【武田鉄矢】を見よ。または見なくともよい。どうせ「両親の大切さ」とかそういうキレイゴトが書いてあるだけである。

【海賊盤】かい‐ぞく‐ばん〔一般〕
ジョニー・キッド・アンド・ザ・パイレーツやアダム・アンド・ジ・アンツのレコードのこと。

【開放弦】かい‐ほう‐げん〔一般〕
誰でも弾いてよい、公共のギター弦。

【カイリー・ミノーグ】Kylie Ann Minogue, OBE (1968–)〔人物〕
→【ゲイ・アイコン】

か

【カウベル】cowbell〔楽器〕

クリストファー・ウォーケンが狂信的に信奉する楽器。なんのことかわからぬひとは、「サタデー・ナイト・ライヴ」を見なさい。

【カウンター・メロディ】counter melody〔一般〕

バーの常連が酔うと唄い出すメロディ。

【カエターノ・ヴェローゾ】Caetano Veloso (1942-)〔人物〕

ブラジルの左翼歌手。と聞くと、「ブラジルの右翼歌手」に俄然《がぜん》興味が湧く。

【カオティック・ハードコア】chaotic hardcore〔ジャンル〕

もうメンバーがどれか、楽器がどこにあるのか、音が出ているのかどうか、発炎筒の煙の中で泣き叫び入り乱れた観客とともに大混乱になって、どさくさにまぎれてライオンに嚙みつかれたり、島倉千代子の曲が流れたりする音楽。

【雅楽】がーがく〔ジャンル〕

雅楽と聞いて『越天楽《えてんらく》』と即答するのは、レゲエと聞いて『ノー・ウーマン・ノー・クライ』と即答するくらい恥ずかしいことですから、おやめなさい。

【カクテルパーティ効果】cocktail-party effect〔一般〕

ごったがえす騒音だらけのパーティ会場でも、自分の悪口だけはひそひそ声でも聴き分けられるという自意識過剰、被害妄想の症状。

【楽譜】がくふ〔一般〕
ポピュラー・ミュージックの人気者など、楽譜の読み書きができぬ者がほとんどである。楽譜の読み書きなど覚える料簡があるようでは、人気者になれぬ、ということである。

【カシオペア】Casiopea〔バンド〕
「おれが朝焼けだった頃、ねーちゃんは夕焼けだった。シャバダバー、その頃、とーちゃんは胸やけだった。わかるかなー、わかんねぇだろうなぁー」という歌詞の『朝焼け』という曲をヒットさせたフュージョン・バンド。

【カジャグーグー】Kajagoogoo〔バンド〕
外様メンバーであるリマールに運命を翻弄《ほんろう》され続けている英国のバンド。

【カズー】kazoo〔楽器〕
外見がマリファナ吸引用のパイプに酷似《こくじ》している楽器。

【合唱】がっ-しょう〔一般〕
『ダニー・ハサウェイ・ライヴ』を聴きなさい。

【勝新太郎】かつ-しんたろう（1931-1997）〔人物〕
俳優になる前は2代目杵屋勝丸という長唄三味線の天才ミュージシャンだった。三味線でジャズを奏でたり芸者に都都逸を教えたりしてた。大俳優になってからもニューラテンクォーターを貸し切りにして「ナット・キング・コール」と同じ照明」にさせて気持ちよく唄っていた。

か

【カッタウェイ】cut-away〔一般〕
ゲッタウェイ。

【カッティング】cutting〔奏法〕
ギターの弦で指を切ること。

【カット・イン】cut-in〔一般〕
フェーダーを使い、別の音源をいきなり出すこと。『君が代』が鳴っているときに『ゴーストバスターズ』のテーマをカットインするのはその効果的な例である。

【ガット・ギター】gut guitar〔楽器〕
ドラマーのスティーヴ・ガッドが弾くギター。

【カーディガンズ】The Cardigans〔バンド〕
ABBA『Take a chance on me』1978.6 宮城県沖地震
The Cardigans『Carnival』1995.1 阪神大震災
Maia Hirasawa『Boom!』2011.3 東日本大震災
スウェディッシュポップスが日本でヒットしている最中に大地震が起こるという法則がある。

【カーティス・メイフィールド】Curtis Lee Mayfield (1942–1999)〔人物〕
インプレッションズのメンバーとしてシカゴソウルの創生に立ち会った、全黒人の霊的カリスマにして、名プロデューサー。類《たぐい》まれな表現力を持つシンガー・ギタリスト・コンポーザーと賛美は雨あられのようにカーティスに降り注ぐ。頭上に照明装置まで降り注いだのは悲劇であった。

【嘉手苅林昌】かでかる－りんしょう (1920–1999)〔人物〕
チャーリー・パーカーなみに素行が悪いが79歳まで生きた。

【加藤茶】かとう－ちゃ (1943–)〔人物〕
西城秀樹との白熱のドラムバトルで知られる、ザ・ドリフターズのドラマー。

【カート・コバーン】Kurt Donald Cobain (1967–1994)〔人

物〕

嫁の尻にしかれるのを嫌がり頭蓋骨を吹き飛ばして死んだグランジロック・ミュージシャン。

【ガバ】gabba〔ジャンル〕

オランダの名物：風車、チューリップ、大麻、キックにディストーションを掛ける、木靴、安楽死。

【カーペンターズ】Carpenters〔バンド〕

あの兄妹、絶対にデキてるぜ。

【カポタスト】capotasto〔一般〕

弦の長さを短くする道具。例：のこぎり

【ガボール・ザボ】Gabor Szabo (1936–1982)〔人物〕

ハンガリー人は日本人と同じく姓・名の順なので、正式にはザボ・ガボールである。フォーク・ギターにピックアップを取り付けハウリングさせながら、奇怪なスケールの楽曲を演奏する特異なスタイルのため、まったく売れなかったが、サンタナが『Gypsy Queen』をカバーしたため大金が入ってきた渡辺貞夫先生の盟友。

【ガムラン】gamelan〔ジャンル〕

インドネシア・バリ島の聖なるアグン山にあるバリ・ヒンズーの総本山ブサキ寺院に参詣に行ったとき、ガムラン楽団の楽器一式が置いてあったので、叩きまくっていたら、ガイドに「一音＝1ドル」を要求された。

【亀山社中】かめやま-しゃちゅう〔バンド〕

脱藩した坂本龍馬が結成したさだまさしのバック・バンド。その後「海援隊」と名称を変え、武田鉄矢を世に送り出し、三菱財閥の祖となった。

【歌謡曲】かよう-きょく〔ジャンル〕

わが国の音楽製作の歴史は「できるかぎり『歌謡曲的なもの』から遠ざかろう！」という強靭《きょうじん》な意志のもとにスタッフ一同が邁進《まいしん》してきた歴史である。そしてそれがそのまま「歌謡曲の歴史」となっているのは皮肉である。

【カラオケ】からおけ〔一般〕

カラオケ屋に行っても『ブッカー T& ジ・MG's』や『戦場のメリークリスマス』がない。唄いたいのになあ。

【ガラージュ】garage〔ジャンル〕

ニューヨークのパラダイスガレージというゲイディスコで発祥したジャンル。大阪では「モータープール」と呼ばれる。

【空ピック奏法】から－ぴっく－そう－ほう〔奏法〕

エア・ギターのこと。

【狩人】かりうど〔グループ〕

「8時ちょうどのあずさ2号で」と唄っていたが、2017年現在、8時00分に新宿を発車する下りの中央本線特急は「スーパーあずさ5号」である。

【カーリー・サイモン】Carly Simon (1945-)〔人物〕

「カーリー・サイモン　乳首」←検索

【カリプソ】calypso〔ジャンル〕

悪口の芸術である。

【カリンバ】kalimba〔楽器〕

指先で鉄片を弾いて発音させる楽器。鉄片には自転車のスポークを叩いて延ばしたものが使用されるため、西アフリカ一体は世界有数の自転車輸入地域である。

【カルチャー・クラブ】Culture Club〔バンド〕

→【ボーイ・ジョージ】

【カルテット】quartet〔一般〕

結合双生児のデュオのこと。

【ザ・カルト】The Cult〔バンド〕

白塗り化粧のゴス・バンドだったのに突如ＡＣ／ＤＣみたいになって四国の高校生を狂喜乱舞させたバンド。

【カール・パーキンス】Carl Lee Perkins (1932–1998)〔人物〕

「ジョージ・ハリスンの師匠」の座をめぐって、ラビ・シャンカールと骨肉の争いを長年繰り広げたカントリー歌手。

【カルロス・サンタナ】Carlos Santana (1947–)〔人物〕

チョーキングすると風が吹くお。

→【サンタナ】

【ガレージロック】garage rock〔ジャンル〕

大阪では「モータープールロック」と呼ばれる。

【ガレージロック・リヴァイヴァル】garage rock revival〔ジャンル〕

大阪では「モータープールロック・リヴァイヴァル」と呼ばれる。

【カレン・カーペンター】Karen Anne Carpenter (1950–1983)〔人物〕

もし「１９７０年代」になにか別称を与えるならば「カレン・カーペンター嬢がまだごはんをモリモリ喰べていた時代」が適当であろう。（出典『プロ無職入門』P-Vine Books）

→【カーペンターズ】

【カンザス】Kansas〔バンド〕

→【アメリカンプログレ・ハード】

【ガンズ・アンド・ローゼズ】Guns N' Roses〔バンド〕

→【アクセル・ローズ】

【カンタービレ】cantabile〔発想記号〕
某宗教団体の本尊のような名称である。

【カンツォーネ】canzone〔ジャンル〕
イタリアの歌唱曲のこと。『鬼のパンツ』が有名である。

【カントリー・ミュージック】country music〔ジャンル〕
国歌のこと。

【完パケ】かん-ぱけ〔一般〕
レコーディング工程で「これですべて終わり」の意味だが、後悔と口論、再レコーディング、予算超過、責任転嫁など、もろもろが起こるきっかけでもある。

【き】

【キー】key〔一般〕
音程が外れていることに発狂した演奏者が上げるカナキリ声。

【ギグ】gig〔一般〕
「ギグのあとでファック」といえばロック・ミュージシャンぽいから試してごらん。

【氣志團】きしだん〔バンド〕
→**【クールス】**
→**【横浜銀蝿】**
→**【シャ・ナ・ナ】**

【キース・エマーソン】Keith Noel Emerson (1944-2016)〔人物〕
国旗を燃やしたり、鍵盤に日本刀を突き刺したり、オルガンの下敷きになったりと災難を乗り越え続けたが医者に止められている拳銃の弾が当たり絶命した。

【キース・ジャレット】Keith Jarrett (1945-)〔人物〕

演奏中に異様なうめき声をあげることで有名な米国のジャズ・クラシック・ピアニスト。わが国のやんごとなきご夫妻がともにファンであることは、ふたりが公務中に突然、異様なうめき声をあげることでもわかる。

【キース・ムーン】Keith John Moon (1946-1978)〔人物〕

シンシア・レノンの本に「キース・ムーンは繊細で真面目な人物で哲学的な会話を好むひとだった」と書いてある。シンシアよ、デタラメを書いて故人のイメージを壊すのはよくない。

→【ザ・フー】

【キース・リチャーズ】Keith Richards (1943-)〔人物〕

定期的に全身の血を入れ替えている、赤十字の献血キャンペーンのシンボル的ギタリスト。

→【ザ・ローリング・ストーンズ】

【キース・レヴィン】Julian Keith Levene (1957-)〔人物〕

PILのイケメン・ギタリスト、王子様を夢見る日本のイタイケな少女たちにヘロイン中毒になるとどうなるか身をもって教えた。

【キース・レルフ】Keith William Relf (1943-1976)〔人物〕

英国の山田かまち。

【ギター】guitar〔楽器〕

あらゆるジャンルで使用される、もっともポピュラーな楽器。現在世界中では年間200万本のギターが販売されるが、そのうち198万本はFコードが押さえられない初心者によって破棄されている。

【ギター・アンプ】guitar amp〔電気〕

さまざまな大きさのものがあるが、キャスター付きのものはスケートボードとしても使用できる。

【北島三郎】きたじま－さぶろう（1936–）〔人物〕

ファミリーを従えて、36ＬＤＫというものすごい豪邸に住んでいる演歌の巨人。メンフィス・マフィアを従えて巨邸グレイスランドに住むエルヴィスや、カラクタ共和国を建設したフェラ・クティを意識している。

【ギター・ポップ】guitar pop〔商業〕

「限定エリック・クラプトン・モデル！」「いまならシールド・ケース付き送料無料！」などと楽器店員が書き込む紙片。

【喜多郎】きたろう（1953–）〔人物〕

山一抗争の最中に山口組三代目組長田岡一雄の娘と結婚したが抗争には参加しなかった。

【キック】kick〔楽器〕

バスドラム・ペダルのない時につま先でバスドラム・ヘッドを蹴る奏法。

【キック・ザ・カン・クルー】KICK THE CAN CREW〔バンド〕

「カック・ザ・キン・クルー」と言ってもおおむね通じる。

【キッス】KISS〔バンド〕

奇抜なメイクで有名なアメリカのハードロック・バンド。80年代に突然メイクを落として素顔で登場したが、その時の世間の反応は「もう大御所だし、ケレン味のないところで勝負というところだな」「メイクに何時間も掛かるそうだし、やってられないのだろう」というものであった。それよりも素顔のジーン・シモンズがばんばひろふみそっくりということで世間は騒然となった。

【喜納昌吉】きな‐しょうきち（1948‐）〔人物〕

喜納昌吉「国境なんてものいらんでショ」

司会者「ちょ、ちょっと待ってください。国境なくして中国や北朝鮮が攻めてきたらどうするんですか」

喜納昌吉「相手を信用したらいいでショ、信用したら！」

【キーボード】keyboard〔楽器〕

西川きよし、上田正樹は関西では「キーボー」と呼ばれている。鍵盤楽器との関連は不明である。

【キメ】きめ〔一般〕

麻薬を摂取すること。摂取しすぎて朦朧《もうろう》となると演奏でキメが決まらなくなる。

【キャノンボール・アダレイ】Julian Edwin "Cannonball" Adderley (1928‐1975)〔人物〕

MCが死ぬほどかっこいいジャズ・アルトサックス奏者。オーストリアのチロル地方で世界一黒くファンキーなピアニストを発見してアメリカに連れて来た。

【キャブ・キャロウェイ】Cab Calloway (1907‐1994)〔人物〕

ブルース・ブラザース・バンドのマネージャー。巨大な拡声器を天井に装着したパトカーで宣伝したり、メンバーの到着が遅れている時に、１人で舞台に上がり、客を沸かしたりと献身的な貢献をした。

→【ズート・スーツ】

【キャプテン・ビーフハート】Captain Beefheart (1941‐2010)〔人物〕

インテリにしかウケないブルーズ歌手。

【キャメル】Camel〔バンド〕

「カンタベリー系」という音楽シーンはメンバーたちの親の仕送りがないと到底成立しなかったであろう。(引用元『プロ無職入門』P-Vine Books)

【キャラヴァン】Caravan〔バンド〕
「カンタベリー系」という音楽シーンはメンバーたちの親の仕送りがないと到底成立しなかったであろう。(引用元『プロ無職入門』P-Vine Books)

【キャラメル・ママ】Caramel Mama〔バンド〕
メンバーの誰の実家が一番金持ちか、常に議論の的となるバンド。

【キャロル】CAROL〔バンド〕
オールド・ロックンロール・リヴァイヴァルというとてもスノッブなコンセプトのもとに計画的に結成されたハイプなバンドだったのに、日本の土俗性の澱《おり》のような暴走族に支持されたのは実に不思議なことである。富裕帰国子女の遊びであったトランスレイヴがあっというまにギャル男軍団に占領されたのと同じ現象である。

【キャロル・キング】Carol King(1942-)〔人物〕
アルバート・キング、B・B・キング、フレディ・キングに加えて4大キングとすることもある。

【キャロル・ケイ】Carol Kaye(1935-)〔人物〕
スタジオ・ミュージシャン。女の細腕1本で子供を育てながらLAに豪邸を建てた。少子化担当大臣→大統領も狙えたのではないか。

【ギャング・オブ・フォー】Gang of Four〔バンド〕
筆者は1997年にロサンジェルスでデイヴ・アレンに「事務所でマリファナを吸うな」と怒られたことがある。

【キュー・ボックス】cue box〔電気〕
レコーディング中のバンドの音量バランスをメンバー各自が好きなようにいじって、鬱憤《うっぷん》を晴らす装置。

【玉音放送】ぎょくおん－ほうそう〔皇室〕

終戦時の玉音放送はＮＨＫのエンジニアがDP-17-K可搬型円盤録音機を使って2テイク録音した。ファーストテイクは冒頭の音量レベルが低いという難点があるものの、勢い、瑞々《みずみず》しさに優れており、本放送で使用されたのはファーストテイクだった。やはり録音はファーストテイクに限るようだ。なおテイク2には途中で感極まった天皇がヒューマン・ビート・ボックスを始める箇所があり鳥肌モノである。

【キリ・テ・カナワ】Dame Kiri Janette Te Kanawa (1944–)〔人物〕

ニュージーランドの国民的ソプラノ歌手。その巨大な声はオーストラリア沿岸の窓ガラスを割るという。

【ギル・スコット・ヘロン】Gilbert "Gil" Scott-Heron (1949–2011)〔人物〕

左手でローズピアノのG、右手でDm7を押さえ、口からは説教。

【ギルバート・オサリバン】Gilbert O'Sullivan (1946–)〔人物〕

代表曲『アローン・アゲイン』とはうらはらに最初からソロである。

【ギロ】guiro〔楽器〕

ギーーチャッチャ、

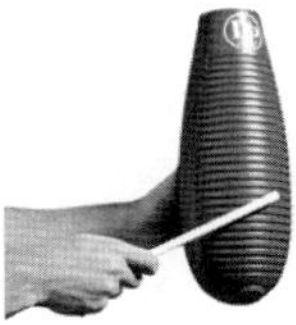

【キング・カーティス】King Curtis (1934-1971)〔人物〕
偉大なサックス奏者でバンドリーダー。「サックスを抱えて生まれてきた」と形容されたがエアコンを抱えている時に殺された。

【キング・クリムゾン】King Crimson〔バンド〕
程度の差はあれ、どんな音楽にも自然に含有されている「性的なもの」を人工的に分離抽出して、限りなくゼロに濾過したのがキング・クリムゾンの音楽だ。

【キンクス】The Kinks〔バンド〕
「ローリング・ストーン誌の選ぶ歴史上最も偉大な１００組のアーティスト」において第65位。ことあろうにローリング・ストーン誌はキンクスより優れたアーティストが64組もいると言っているのである。いかにでたらめなランキングか、見る前からわかろうというものである。どうせその64組の中にはトゥイステッド・シスターやジグ・ジグ・スパトニックやホールが入っているに違いない。

【く】

【クアルテート・エン・シー】Quarteto em Cy〔グループ〕
ブラジルのパフューム。

【クイーカ】cuica〔楽器〕
→【ゴン太くん】

【クイーン】Queen〔バンド〕
スタジオのテレビでクイーンが映っていたので

「クイーンなんて人気あるの日本だけだよ〜」とあたりを憚《はばか》らず豪語していたら、次の瞬間ブラジルで20万人くらい集まっているクイーンの巨大コンサート映像に切り替わったのは一生の不覚であった。

【クインシー・ジョーンズ】Quincy Delight Jones II (1933–)〔人物〕

この巨匠プロデューサーの大ヒットディスコ・ナンバー『愛のコリーダ』のおかげで、デューク・エリントンと阿部定が繋がるようになったのである。

【クイーンズライク】Queensryche〔バンド〕

アメリカのメタル・バンド。ヴォーカリストの名前が「トッド」で、ギタリストの姓が「ラングレン」である。それがどうしたと言われても困るのだが。

【クインテット】quintet〔一般〕

4人編成では多数決ができないために、自分の言うことを聞くメンバーをもう1人加入させてバンドを掌握《しょうあく》した状態。

【グスタフ・マーラー】Gustav Mahler (1860–1911)〔人物〕

ウィーン時代『交響曲第8番変ホ長調「千人の交響曲」』の第2部において「来たれ、創造主たる聖霊よ」に基づいた崇高なメロディを作曲中、頭の中で始終『オブラディ・オブラダ』のメロディが鳴り響いていたためノイローゼとなり、ジークムント・フロイト博士の診察を受けた。博士はそれを幼児期の体験によるものと診察し、2人で『カモン・アイリーン』を絶唱したところ、症状は劇的な改善を見せた。

【口パク】くち-ぱく〔一般〕

初来日のポリスが「夜のヒットスタジオ」で演奏中、ドラマーのスチュワート・コープランドがスティックを投げ捨て、前列に飛び出して踊りだした。ドラムの音は依然鳴り続けている！　これが私の衝撃的な口パク初体験である。

【久保田麻琴と夕焼け楽団】くぼたまこと－と－ゆうやけがくだん〔バンド〕

→**【ヒッピー・バンド】**

【グライム】grime〔ジャンル〕

ヒップホップと区別がつかないが、「英国風ヒップホップ」と言うと怒るアーティストはグライム・アーティストであることから識別できる。

【グラインドコア】grindcore〔ジャンル〕

スケートボードをする時のＢＧＭ。

【クラヴィネット】clavinet〔楽器〕

スティーヴィー・ワンダーの『迷信』で有名になった。その特徴的な音色はこの楽器を知らないひとにも大人気である。演奏しても楽しい楽器であるが、いちいちチューニングしなければならない、アンプが必要、重い、そのくせ一種類の音色しか出ないなどと、所持者には嫌われる楽器である。

【クラウス・ノミ】Klaus Nomi (1944-1983)〔人物〕

音楽性やパフォーマンスも前衛的ならば、おしゃれな死因（AIDS）を導入するのも誰よりも早かったので、その奇抜なルックスもあいまって、四国の片田舎の中学生にも神格化されるほど影響力があったドイツ人歌手。

【クラウトロック】krautrock〔ジャンル〕

アモン・デュール、カン、グルグル、ノイ！などドイツのプログレ音楽のこと。このジャンルの日本での拠点は今はなき「東京タワー蝋《ろう》人形館」であった。

【グラウンドビート】groundbeat〔ジャンル〕

バブル絶頂の頃に屋《や》敷《しき》豪《ごう》太《た》が発明し全世界に広ま

った。まぎれもなく日本の国力の絶頂期である。

【クラークスデール】Clarksdale〔**地名**〕

ミシシッピー州にある人口2万人弱の田舎町だが、なんだこの町はロバート・ジョンソン、サム・クック、ジョン・リー・フッカー、アイク・ターナー、マディ・ウォーターズ etc. の出身地である。全員がふるさと納税したら大富裕自治体だぞ。

【クラシック音楽】classical music〔**ジャンル**〕

西洋の古典音楽のことだがあまりにも広すぎて説明は不可能。ソニック・ユースの音楽はここに含めない場合が多い。

【クラス】Crass〔**バンド**〕

パンク界のグレイトフルデッド。

【クラストコア】crustcore〔**ジャンル**〕

ディスチャージの850番煎じくらいのバンド群、またはその音楽。

【ザ・クラッシュ】The Clash〔**バンド**〕

ドラマーのトッパー・ヒードンがある日、中古のティンパニを購入した。ところがそれはロンドン・フィルハーモニーから盗難されたものであったため、ヒードンは楽団に返却した。ロンドン・フィルハーモニーはお礼にトッパー・ヒードンを打楽器奏者に招き、ロイヤル・アルバート・ホールで一緒に演奏した。パンクバンドの筆頭であるザ・クラッシュはここにおいて、クラシック音楽の総本山との邂逅《かいこう》を果たすのである。

【クラッシュ・シンバル】crash cymbal〔**楽器**〕

トッパー・ヒードンの叩く円形の金属板。

【グラディス・ナイト】Gladys Knight (1944-)〔**人物**〕

アレサ・フランクリンと双璧を成す女性ソウル・シンガー。幼い頃から肩こりに悩まされ磁気を使った健康器具「ピップエレキバン」を発明した。バック・グループ「ピップス」の名前はそれにちなむ。

【グラハム・ナッシュ】Graham William Nash, OBE (1942-)〔人物〕

ものすごいポップセンスのある英国出身のミュージシャン。活動初期はホリーズにおいてものすごいポップセンスを発揮した。ホリーズはナッシュ脱退をものともせず、ものすごいポップソングを発表し続けた。ナッシュもCS&Nに参加し、ものすごいポップセンスを発揮した。

【グラハム・ボネット】Graham Bonnet (1947-)〔人物〕

オールバックで白スーツ姿という、ヘヴィメタルらしからぬルックスでファンや共演者の顰蹙《ひんしゅく》を買い続けたが、その圧倒的歌唱力でメタル界に君臨し続ける、「成績優秀な不良学生」みたいなヴォーカリスト。リンゴ・スターのレーベルにいた。

【グラハムボンド・オーガニゼーション】The Graham Bond Organisation〔バンド〕

英国のブレイン・ドレイン・バンド。巨漢の黒魔術ヘロイン中毒リーダーと、血の気の多いリズムセクションのステージ上での乱闘で有名。バンド出身者がクリームやコロシアムで大成功したのにリーダーは極貧のまま黒魔術にハマり地下鉄に飛び込み自殺という、英国ロックの最暗部を象徴するバンドであった。

【グラフィック・イコライザー】graphic equalizer〔電気〕

絵で描かれたイコライザー。どんなに巧みに描いてあっても周波数調整ができないところから、何の役にも立たないもの。また、実物・本物でなければ何の値打ちもないこと。

【クラフトワーク】Kraftwerk〔バンド〕

アウトバーンを走行中、放射能を浴び、ヨーロッパ特急に轢《ひ》かれて、人間解体。コンピューターワールドで復活し、自転車で走行中の元気な4人組ロボット。

【クラブミュージック】club music〔ジャンル〕

不健康なダンス音楽の総称。

【クラーベ】clave〔一般〕
ラテン音楽の拍子の取りかた。「3・2」「2・3」「ルンバ・クラーベ」「ソン・クラーベ」「根比べ」などがある。

【グラム・パーソンズ】Gram Parsons (1946–1973)〔人物〕
大富豪の御曹司《おんぞうし》でキース・リチャーズの盟友。まさにカントリーロック界の若大将である。

【グラムロック】glam rock〔ジャンル〕
このジャンル全体が化粧品メーカー合同によるでっちあげ説がある。

【クラリネット】clarinet〔楽器〕
木管楽器であるが、壊れて出ない音があることで有名になったので、欠陥楽器と言うべきであろう。

【クラレンス・ホワイト】Clarence White (1944–1973)〔人物〕
フェンダー・テレキャスターに穴を開け、ものすごい改造を施した特殊ギターで、超人的なギターソロを弾いたのでバーズをクビになって、日系人女性の車に轢き殺された、偉大なヒッピーカントリー・ミュージシャン。

【グランジ】grunge〔ジャンル〕
古着のネルシャツを着て演奏するロック音楽の総称。

【グラント・グリーン】Grant Green (1935–1979)〔人物〕
かのジョン・マクラフリンをして「なんとなく好きとしか言えない、しかし猛烈に好きなギタリスト」と言わしめた、偉大なファンキージャズ・ギタリスト。おや？　この項目マジメですね。おれもなんとなく猛烈に好きです。

【グランド・ファンク・レイルロード】Grand Funk Railroad〔バンド〕
アメリカに行くと、日本では売っていない超特大サイズのペプシやドリトス、持ち上げられないくらい重いＢＢＱ用肉塊なんかを売っているが、それらのごとき大味なハードロック・バンド。豪雨の後楽園球場で行われた来日公演は伝説の熱狂ぶりであったが、「ベンチ席で巨大なオープンリール・テープが回されていた」という目撃談から、壮大なロパクであったとの説もある。

【クリス・スクワイア】Chris Squire (1948–2015)〔人物〕
ゴリゴリした硬質の音色のベースを弾く。イエスの演奏開始カウントはクリスが脚で出してた。

【クリストファー・クロス】Christopher Geppert Cross (1951–)〔人物〕
代表曲『ニューヨーク・シティ・セレナーデ』で知られる、軟弱を絵に描いたようなシンガーソングライターだが、全盛期はグランド・ファンク・レイルロードと同じくらい人気があった。

【クリス・ドレヤ】Chris Dreja (1945–)〔人物〕
だれも知らないと思われる。ヤードバーズのギターとベースを担当して、もう少しのところでレッド・ツェッペリンのメンバーになろうとした英国人である。

【クリック音】click〔一般〕
キッ・コッ・カッ・コッ、キッ・コッ・カッ・コッ、キッ・コッ・カッ・コッ、キッ・コッ・カッ・コッ、キッ・コッ・カッ・コッ、キッ・コッ・カッ・コッ、キッ・コッ・カッ・コッ、キッ・コッ・カッ・コッ、

【クリーデンス・クリアウォーター・リヴァイヴァル】Creedence Clearwater Revival〔バンド〕
ウッドストック当時、人気が最高潮に達していたロックバンド。向かうところ敵なし状態でウッドストックでもベストといわれるパフォーマンスを披露したが、ドラマーがミッキーマウスのＴシャツを着ていたため、ディズニーからのクレームを

恐れて、映像はお蔵入り、数年後解散した。

【クリフォード・ブラウン】Clifford Brown (1930–1956)〔人物〕

ドラムのマックス・ローチとともに双頭バンドを結成したことから、両者は結合双生児であったと思われる。

【クリフ・リチャード】Sir Cliff Richard (1940–)〔人物〕

ビートルズ以前の英国最大の人気ポップ歌手であった。というと、ビートルズよりだいぶ年長かと思われるが、実際はジョン・レノンより5日遅く生まれている。ビートルズ解散後はふたたび英国最大の人気ポップ歌手になった。

【クリーム】Cream〔バンド〕

一応「ブルーズロック・バンド」に分類されるが、その実態は、いかなるときのBGMにしてよいのかわからぬ、荒唐無稽な音楽である。この短命に終わった伝説のバンドを横尾忠則はニューヨークで観て「ザ・クリームスすごい」とテレビで興奮して語っていた。

【グリーン・デイ】Green Day〔バンド〕

カリフォルニアのザ・ブルーハーツ。

【クール&ザ・ギャング】Cool & the Gang〔バンド〕

→**【リーダーがどこにいるのかわからないバンド】**

【クール・ジャズ】cool jazz〔ジャンル〕

どんなものすごいアドリブ・ソロを披露しても、興奮したり拍手したりしては絶対にならないジャズ。「So what?」と軽く流すのだ。

【クールス】Cools〔バンド〕

キャロルから永ちゃん的土俗性を取り除き、もっとアメリカ的バタ臭さを前面に押し出した暴走族バンド。

【ザ・クルセイダーズ】The Crusaders〔バンド〕

アメリカのフュージョン・バンド。このバンドとスタッフやスパイロ・ジャイラと混同することをコンフュージョンという。

【GROOVE】グルーブ〔雑誌〕
リットーミュージックから出ているクラブ・ミュージック雑誌。創刊当初は「帯域別コンプ聴き比べ」などという専門記事と、Manday 満《み》ちるの「自由が丘で見つけたかわいい雑貨屋さん」みたいな記事が錯綜する混乱したアナーキーな雑誌であった。

【グループ・サウンズ】ぐるーぷ-さうんず〔ジャンル〕
ピンキーとキラーズやはっぴいえんどはここに含まれるのか？　という議論が常に巻き起こるジャンル。

【くるり】くるり〔バンド〕
日本やアメリカの敏腕ドラマーの登竜門となっている京都のバンド。

【GLAY】ぐれい〔バンド〕
「単独アーティストの有料コンサート」の動員世界記録を持っているらしいが、その数十万人以外はだれも知らないバンド。

【クレイジーケンバンド】くれいじー-けん-ばんど〔バンド〕
→**【キャデラック】**
→**【ヨコハマ】**
→**【本牧】**
→**【フォード・ムスタング】**
→**【ドブ板通り】**
→**【スカジャン】**

【クレイジー・ホース】Crazy Horse〔バンド〕
ニール・ヤングと活動を共にするバンド（バック・バンドと呼ぶと怒られる）だが、そんなことより、あのジャック・ニッチェが正式加入していたということがロック界7不思議である。
→**【ジャック・ニッチェ】**

【クレイジーワールド・オブ・アーサー・ブラウン】The Crazy World Of Arthur Brown〔バンド〕

頭に火をつけて走り回る、ロード・サッチの１３２５番煎じみたいなホラー・バンド。

【グレイス・ジョーンズ】Grace Jones (1948-)〔**人物**〕

→**【ゲイ・アイコン】**

【グレイスランド】graceland〔**建築**〕

メンフィス近郊にあるエルヴィス・プレスリーの豪邸。美輪明宏邸と並ぶ悪趣味の宮殿である。

【グレゴリオ聖歌】gregorian chant〔**ジャンル**〕

ローマ・カトリック教会の典礼で使用される音楽。陰鬱《いんうつ》な雰囲気なのでピンサロやパチンコ屋のＢＧＭとしてはふさわしくないとされている。

【クレズマー】klezmer〔**ジャンル**〕

『ドナドナ』が代表曲であるので、ピンサロやパチンコ屋のＢＧＭとしてはふさわしくなさそうである。

【グレッグ・オールマン】Gregory Lenoir Allman (1947-)〔**人物**〕

汚らしいヒッピーバンドのオルガン兼シンガーだったが、なんと国際的セレブ、シェールと結婚する。新婚旅行中のメキシコでグレッグはヤクの売人を探しに行き、そのまま失踪。

【ザ・グレート・ロックンロール・スウィンドル】The Great Rock'n'Roll Swindle〔**映画**〕

マルコム・マクラーレンによる、妄想と現実が入り混じった、いわゆる「８½映画」。セックス・ピストルズという活きのよいビートバンドが出演している。

【クレモンティーヌ】Clémentine (1963-)〔**人物**〕

クロード・チアリのように日本で活動するフランス人歌手。

【グレン・マトロック】Glen Matlock (1956-)〔人物〕
ピストルズの初代ベーシスト。後任のシド・ヴィシャスからしてみるとグレン・マトロックもジャコ・パストリアスもスタンリー・クラークも超絶技巧ベーシストである。

【クロスオーバー】crossover〔ジャンル〕
ジャズで喰えなくなったので、ロックに飛びついたジャズ・ミュージシャンが始めた音楽。

【クロスビー、スティルス&ナッシュ】Crosby, Stills & Nash〔バンド〕
結成した時から別格のスーパースター・バンドで、楽屋に置くワインの銘柄から、ステージに敷くペルシャ絨毯まで指定してくるほど傲慢《ごうまん》に振る舞って、フィルモアのスタッフからは「シュープリームス」と呼ばれた。
→【ザ・シュープリームス】

【クロスビー、スティルス、ナッシュ&ヤング】Crosby, Stills, Nash & Young〔バンド〕
「シュープリームス」と呼ばれるのがイヤで、ニール・ヤングを加入させてバンド名を変更。バックでドラムを叩くダラス・テイラーは「おれをバンド名に加えろ」と言って解雇された。

【クロス・フェーダー】cross fader〔電気〕
オーディオ・ミキサーの部品。これがはげしく磨り減っていたら、使用者は同性愛者ではない。

【クロード・チアリ】Claude Ciari　智有蔵上人 (1944-)〔人物〕
彼が在籍していた「Les Champions」なるエレキ・バンドはヨーロッパで大人気で、一説によるとかのビートルズが前座を務めるほどだったという。人気の余勢をかって来日。その後定住帰化し、ヒガシマルうどんスープのCMに出演した。

【クロマティック】chromatic〔一般〕
元読売ジャイアンツのウォーレン・クロマティ的

な、という意味。またはクロマティが結成したバンド「Climb」的な、という意味。

【クロマティック・スケール】chromatic scale〔一般〕
元読売ジャイアンツのウォーレン・クロマティがよく使用していた音階。またはクロマティが結成したバンド「Climb」で多用された音階。

【クロマティック・ハープ】chromatic harp〔楽器〕
元読売ジャイアンツのウォーレン・クロマティがよく使用していた琴状の楽器。

【クロンチョン】kroncong〔ジャンル〕
人権団体から猛烈なクレームが飛んできそうな名称のインドネシアのフォークソング。

【軍歌】ぐん-か〔ジャンル〕
軍歌というと男性的で勇壮な音楽というイメージがあるが、じつは流行歌を改作したものなどが多いので、その音楽性はヴァラエティに富んでいる。

『櫻井《さくらい》の訣別（楠公《くすのきこう》の歌）』など大変に叙情的なメロディとジェントリーなサウンドで「ベッドルーム・バラード」としても充分機能する。

【クンビア】cumbia〔ジャンル〕
南米コロンビアのレゲエと思っていただきたい。レゲエと同じく、短い人生ではとてもジャンルを網羅できない広大な小宇宙を形成している。レゲエが大麻なら、クンビアはコカの葉である。

【け】

【KRS-ワン】Lawrence Parker (1965-)〔人物〕
彼らが繰り広げた「Bridge Battle」とはヒップホップの正当性を巡る論戦である。この抗争を元に映画『戦場にかける橋』『遠すぎた橋』が製作された。

【経過音】けいか-おん〔一般〕

ある音から、ある音への間に鳴らされる音。つまり楽曲の頭の音と最後の音の間はすべて経過音である。

【ケイジャン】cajun〔一般〕

ピラフ、パエリア、ナシゴレン、カオパット、ビリヤニ、炒飯《チャーハン》、チキンライス、ドライカレーといった強力なライヴァルの中でジャンバラヤは健闘しているのだから、たいしたものである。

【ゲイリー・シャイダー】Garry Marshall Shider (1953–2010)〔人物〕

おしめにおしゃぶりというパンパースの回し者のような風体でステージ上空をワイヤで吊るされて飛びまわっていた、Ｐファンクのギタリスト。

【ゲイリー・ブルッカー】Gary Brooker (1945–)〔人物〕

プロコル・ハルムのリーダー。グループ解散後はエリック・クラプトンのバック・バンドを永年務めていたが、『青い影』の莫大な印税のおかげでエリック・クラプトンより裕福であった。

【ゲイリー・ムーア】Robert William Gary Moore (1952–2011)〔人物〕

ピーター・バラカン式に発音すると「ギャリー・モア」である。１９７８年突如コロシアムⅡとシン・リジィに同時に加入し、同時にソロ活動も開始した。アイルランド人ギタリストの人格が三つに分裂した瞬間である。

【ケチャ】kecak〔ジャンル〕

バリ島の集団舞踏劇とそれに伴う合唱のこと。神秘の島の密林で古代から行われてきたように見えるが、１９３０年代にドイツ人が観光客むけに考案したものである。どうだい？　ありがたみが90%ダウンしただろう。ふふふ。

【月光】げっこう〔楽曲〕

ベートーヴェンが横山やすしの愛機「月光号」に搭乗した時の恐怖の体験を元に作曲したピアノ曲。

【ケッヘル番号】Köchelverzeichnis〔一般〕

鎌倉FMでよく耳にする単語。一説によると、富裕層向けの通信暗号ではないかといわれている。

【ケニー・G】Kenneth Gorelick (1956–)〔人物〕

「最も長いロングトーンをするサックス奏者(45分47秒)」としてギネスブックに出ている。アルバム1枚分を1音で通すこともできるのに、ハラホロヒレハレと惜しげもなくスムーズなフレーズを披露してくれる偉人。ケニー・Gとエンヤのジョイントライヴのバックでクリスチャン・ラッセンがライヴペインティングをするイベントを見るのが筆者の夢である。

【ケニー・ジョーンズ】Kenneth Thomas "Kenney" Jones (1948–)〔人物〕

スモール・フェイセス、クワイエット・メロン、フェイセズ、フーと渡り歩いた、典型的なロンドン東部の労働階級の風貌を持つ名ドラマー。

【ケニー・バレル】Kenny Burrell (1931–)〔人物〕

旧ブルーノート東京での話である。スタンリー・タレンタインが「この曲は知らん」と言い張って吹こうとしない、ケニー・バレルが弾きながら説得している、ジミー・スミスは最前列のおれに向かって「ほっとけ」と笑っている、その直後、スタンリーが火の出るようなソロを8小節だけ吹いた、ケニー・バレルは破顔一笑、ジミーはおれにウインク。

【ケニー・ロギンス】Kenneth Clark Loggins (1948–)〔人物〕

→**【フットルース】**
→**【トップガン】**

【ゲネプロ】generalprobe〔一般〕

本番同様の通しリハーサルのこと。なんとなく芸能界っぽい言い方。「ランスルー」と言ったほうがスマート。

【K-POP】けー‐ぽっぷ〔ジャンル〕

カザフスタン、ケニヤ、キリバス、韓国のポップミュージックのこと。

【ゲーム・ミュージック】game music〔ジャンル〕

ゲームのＢＧＭ。例：『六甲おろし』

【ケルティック】celtic music〔ジャンル〕

チーフタンズがこのジャンルだと聞けば「素晴らしい音楽の宝庫だ」と思うが、エンヤもそうだと聞けば「撲滅してしまえ」と思ってしまう。

【ケルティック・メタル】celtic metal〔ジャンル〕

なんでも融合させればよいというものでもない。

【ゲルニカ】GUERNICA〔バンド〕

『復興の唄』は絶対に東日本大震災後の国民応援歌になると思ったのだが、一度も聴かなかった。80年代の宝島文化圏を代表する名グループといっても知名度などその程度なのである。

【弦楽四重奏】げんがく-しじゅうそう〔一般〕

２本のヴァイオリン、ヴィオラ、チェロ、マネージャー兼物販担当者、ローディー兼運転手によって構成される演奏形態。

【幻想曲】げんそう-きょく〔一般〕

そんなものは存在しない。たぶんあなたにだけ聴こえている音楽だ。ＬＳＤのやり過ぎか、離脱状態の譫妄《せんもう》ではないのかね？

【現代音楽】げんだい-おんがく〔ジャンル〕

はっきりとした定義は存在しないが、発表した時に顰蹙《ひんしゅく》を買う、というのが条件。

【こ】

【ゴアトランス】goa trance〔ジャンル〕

１９９５年頃「ジオイド」（テレ朝通りにあった

ゴアトランス揺籃《ようらん》のディスコ）に行った時、LSDでひん曲がって踊る数百人の群衆を見て「ついに革命が始まった！」と思った。が、そんなことはなかった。ゴアパンとチャイが流行っただけだった。

【校歌】こう-か〔ジャンル〕
幼稚園から大学まで日本には学校が約6万校ある。これらのほとんどに「校歌」があるのだから、アイテム数からいっても「校歌」は一大ジャンルである。スカ〜ルーツレゲエ期のジャマイカ産レコードの総アイテム数が1万2000くらいらしいので、「校歌」がどれだけ巨大ジャンルなのかが想像できるだろう。

【交響楽団】こう-きょう-がく-だん〔一般〕
出番がほとんどないシンバル奏者が発狂してめちゃくちゃやりださないか、残りの楽団員は戦々恐々である。

【行進曲】こう-しん-きょく〔ジャンル〕
賃貸住宅の更新料反対のデモをする時のBGM。

【黒人音楽】こくじん-おんがく〔一般〕
生きている黒人の音楽。

【黒人霊歌】こくじん-れいか〔ジャンル〕
死んだ黒人の音楽。

【ゴー・ゴー】go-go〔ジャンル〕
ゴーゴー界の天皇チャック・ブラウンは来日時、日本名産の覚醒剤にドハマリして、タワーレコードのサイン会でものすごい形相で店中のCDにサインしまくって騒動を起こした。

【ザ・ゴーゴーズ】 The Go-Go's〔バンド〕

アメリカのプリンセス・プリンセス。

【ゴシックメタル】 gothic metal〔ジャンル〕

なんでも融合させればよいというものでもない。

【古謝美佐子】 こじゃ－みさこ（1954-）〔人物〕

日本最高のスピリチュアル歌手、ネーネーズの初代リーダー。その霊的カリスマ性に引かれてライ・クーダーとか坂本龍一がタカってくるのだが無視してほしい。

【ゴスペル】 gospel〔ジャンル〕

♪オーハッピーデ～～～イ（オーハッピーデ～～～イ）オーハッピーデ～～～イ（オーハッピーデ～～～イ）オーハッピーデ～～～イ（オーハッピーデ～～～イ）オーハッピーデ～～～イ（オーハッピーデ～～～イ）

【ゴダイゴ】 ごだいご〔バンド〕

ミッキー吉野を中心として1975年に結成され、鎌倉幕府を倒して、ガンダーラに立て籠もった。

【コード】 chord〔一般〕

コードを覚えようとして、コードブックを買ってくるとたいてい挫折する。友達をつくろうとして電話帳を買ってくるようなものである。

【コード進行】 chord progression〔一般〕

メロディを盗用すると非《ひ》難《なん》囂々《ごうごう》となるが、コード進行を盗用しても誰も怒らない。このことからアイデアに行き詰まった音楽家からは神のごとく崇拝されている概念である。

【コートニー・ラブ】Courtney Love (1964–)〔**人物**〕
現実世界には絶対に存在しない漫画の中の人物のようなロック歌手・女優。

【コード・ネーム】chord name〔**一般**〕
「シー・シャープ・マイナー・サーティーンス・フラッテッド・フィフス」などと言っている間にもコードはめまぐるしく変化しているのが常である。純然たる文語である。

【コマ劇場】こま-げきじょう〔**劇場**〕
東京と大阪にあった円形劇場。客席がコマのように回転し、観客が気分が悪くなったところでスリと置引きが横行するというとんでもない劇場であったが、大阪梅田は１９９２年閉鎖、新宿歌舞伎町も２００８年閉鎖、スリの黄金時代の終焉《しゅうえん》であった。

【コマーシャル・ソング】commercial song〔**一般**〕
監督や制作会社の人たちとキタンのない意見交換をするとかならず「無音にしよう！　それが一番目立つ！」という意見が席捲します。

【コミックソング】comic song〔**ジャンル**〕
まんがのことを唄った歌。ザ・フー『バットマン』、セルジュ・ゲンズブール『コミックストリップ』など枚挙に暇《いとま》がない。しかし「コミックソング」は和製英語であり、英語圏では「ノベルティソング」と呼ばれる。雑誌の付録ソノシートやボーナストラック等「おまけ」の音楽のことである。

【米米ＣＬＵＢ】こめこめ-くらぶ〔**バンド**〕
和製キッド・クレオール&ザ・ココナッツ。

【コーラス】chorus〔**一般**〕
カルピスの偽物。

【コラール】choral〔**一般**〕
賛美歌。モスクで歌ってはいけない。

【コール・アンド・レスポンス】call and response〔一般〕

楽曲における呼びかけと応答の形式のこと。コールしてもレスポンスがない場合や、ブルーズにおいては1人でもこれを行うが、多重人格症ではない。

【コルグ】KORG〔会社〕

歌舞伎町のナイトクラブでアコーディオンを弾いていた男が自作のリズム・ボックスを伴奏に使っていた。これに目を付けたナイトクラブのオーナーが量産してみたら全国のバーにバカ売れした。2人はこれは儲かる！　と思い、共同で京王技研という会社をつくった。東京オリンピックの頃の話である。

【ザ・ゴールデン・カップス】The Golden Cups〔バンド〕

ヨコハマ人が東京に対するルサンチマンを発散するために米軍基地を背景威力に結成したバンド。

【ゴールド・ディスク】gold disc〔一般〕

レコードがたくさん売れると記念に作られる。ジョン・エントウィッスルはクレー射撃の標的として使用。ダウンロード全盛時代になると、ＵＳＢメモリースティックを金色に塗って贈呈するようになった。

【ころがし】ころがし〔一般〕

フロアモニターのことであるが、たいていは歌詞のアンチョコや曲順表を貼るための台として使用される。演奏者の足元にタックルする暴徒へのバリケードとしても有効である。

【コロシアム】Colosseum〔バンド〕

ジョン・ハイズマン率いる英国ブレイン・ドレイン勢究極の発展形による超絶技巧バンド。ものすごく複雑な楽曲を演奏した。

→【ブレイン・ドレイン】

【コロシアムⅡ】Colosseum Ⅱ〔バンド〕

コロシアムをさらに発展させた超絶技巧バンド。

さらにものすごく複雑な楽曲を演奏した。

【コンガ】conga〔楽器〕

一つの音しか出せないのに、運搬がものすごく大変な打楽器。

【ゴング】Gong〔バンド〕

→**【ヒッピーバンド】**

【コンセプト・アルバム】concept album〔一般〕

エジソンが蓄音機を発明して以来、発売されたすべてのレコードのコンセプトはただ一つである。すなわち「売って売って売りまくって酒池肉林じゃ～」である。

【ゴンチチ】ごん‐ちち〔バンド〕

ゴンザレス三上はガット弦をピック弾き、チチ松村はスチール弦を指弾き。これがゴンチチサウンドの秘密である。

【コンテスト】contest〔一般〕

クラシック音楽とヒップホップはやたらとコンテストが多い。優劣をつけないと気がすまないのである。

【コンテンポラリー・ミュージック】contemporary music〔ジャンル〕

今日つくられた音楽のこと。昨日つくられたものはオールディーズ。

【コンピューター・グラフィックス】computer graphics〔一般〕

コンピューターを描いた絵画。昔はオープンリール・テープ式の箪笥のようなものが描かれるのが常であった。

【コンピューター・ミュージック】computer music〔一般〕

コンピューターを製作に使用した音楽の総称。具体的には液晶の割れる音、データが消えた時の悲鳴、などをサンプリングして作曲する。

【COMPLEX】こんぷれっくす〔バンド〕
布袋《ほてい》寅泰《ともやす》は身長187センチ、吉川晃司は身長183センチ。
→【脳下垂体成長ホルモン】

【コンプレッサー】compressor〔電気〕
クラブやライヴハウスで「コンプがどーのこーの」と言っているひとに「設定は?」と聞くとなぜか沈黙する。実に不思議なことである。

【コンポーザー】composer〔一般〕
パクリがバレないかどうか常に戦々恐々としているひとのこと。

【さ】

【サイケデリックトランス】psychedelic trance〔ジャンル〕
ゴアトランスとサイケデリックトランスの違いは、小林旭の「渡り鳥シリーズ」と「流れ者シリーズ」の違いのようなものである。つまりほとんど同じ。

【サイケデリックロック】psychedelic rock〔ジャンル〕
LSDのもたらす幻覚を表現した音楽。アシッドロックとの違いはUNOと大富豪の違いのようなものである。

【サイコビリー】psychobilly〔ジャンル〕
このジャンルのミュージシャンは頭部が髑髏《がいこつ》で眼孔から蛇が出ているので、遠目にもすぐそれとわかる。

【サイド・ギター】side guitar〔楽器〕
中学生の時に楽器屋で「サイド・ギターください」

と言った友人がいる。ルパンより次元、赤レンジャーより青レンジャー、リード・ギターよりサイド・ギターのほうがシブいと思っていたのである。

【サイド・マン】sidemen〔一般〕

ルパンより次元、赤レンジャーより青レンジャー、リード・ギターよりサイド・ギターのほうがシブいと思っている者。

【サイモン&ガーファンクル】Simon & Garfunkel〔グループ〕

ドイツ語読みだと「シモーン・ウント・ゲルファンク」と冷徹で凶悪な響きになる。

【サイモン・ポスフォード】Simon Posford (1971-)〔人物〕

ハルシノジェンの名前で知られる、ゴア・サイケトランスの中心人物。下北沢のワタミで本人に日本のバンドで好きなのは何？　と尋ねたら「鼓《こ》童《どう》」という答えであった。

【サイン波】sine wave〔電気〕

午前4時20分ちょうどをお知らせします。ポ・ポ・ポ・ピーン。あの音の波形がサイン波である。

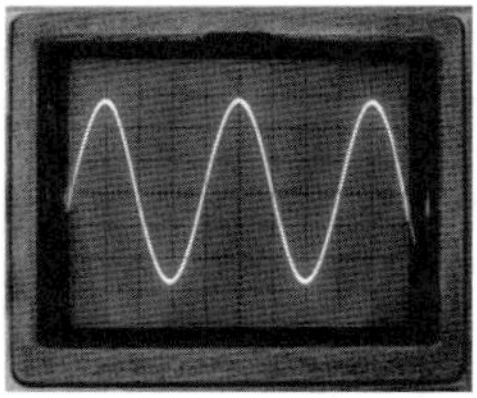

【サウンド・エフェクト】sound effects〔電気〕

効果音のこと。「S.E.」と略される。スタジオでダイナマイトを爆発させて爆発音の代わりとしたり、スタジオで馬を走らせて馬の足音の代わりとしたり、スタジオに落雷させて雷の音の代わりとしたり、タイタニック号を沈没させて、船が沈む時の音の代わりとすること。

【サウンド・エンジニア】sound engineer〔一般〕

スタジオにいるミュージシャン・歌手・プロデューサー・ディレクターが各自喧々囂々《けんけんごうごう》と主張している時、その中で誰が最もクオリティ・コントロールのイニシアティヴを握っているのか瞬時に判断できる特殊技能の持ち主。

【サウンド・システム】sound system〔一般〕
野外にスピーカーを積み上げて簡易ディスコとするジャマイカで発生した文化。巨大な音で目立てばよいという単純な競争原理が働いていたせいで、灯台の霧笛を入手し鳴らして難聴になるものが続出したという。カーゴ・カルトの一種である。

【サウンド・チェック】sound check〔電気〕
『チェック・ワン・トゥー』という歌がアンセムになっているジャンル。

【サウンド・トラック】soundtrack〔一般〕
映画フィルムの横に付属する音声を記録した部分のこと。「サントラ」と呼ばれ、マントラが録音されている。

【サウンド・ホール】sound hole〔楽器〕
ギターやヴァイオリンの表板に開けられている穴。故シド・バレットはギターのサウンド・ホールに猫を入れて演奏していた。

【坂本龍一】さかもと‐りゅういち（1952‐）〔人物〕
「博士」の異名を持つＹＭＯのキーボード奏者。

【サクソフォン】saxophone〔楽器〕
『ケアレス・ウィスパー』のイントロを演奏するために１８４０年代のベルギーで発明された木管楽器。

【サザンオールスターズ】Southern All Stars〔バンド〕
→**【桑田佳祐】**

【サザンソウル】southern soul〔ジャンル〕
韓国の首都の南部地域で流行した音楽。

【サザンロック】southern rock〔ジャンル〕
浅草の南部地域で流行した音楽。

【サスペンデッド・フォース・コード】suspended 4th chord〔楽典〕
「サスフォー」と呼ばれる浮遊感のある和音。若い頃ギターを弾いていたひとが起業する時にサスフォーという企業名にする例がよくある。日本各地にたくさんある。

【ザディコ】zydeco〔ジャンル〕
ジャンバラヤを食べ、湿地帯で鰐《わに》に追いかけられながら聴くと最高である。

【サディスティック・ミカ・バンド】Sadistic Mika Band〔バンド〕
70年代にイギリスで人気の出た日本のロックバンド。メインボーカリストのミカ嬢抜きで何度も再結成されているが、バンド名から「ミカ」を外さない。カウント・ベイシー抜きの「カウント・ベイシー・オーケストラ」、ポール・モーリア抜きの「ポール・モーリア楽団」と同じである。

【サーティーンス・フロア・エレベーターズ】The 13th Floor Elevators〔バンド〕
ZZ Top 登場以前のテキサスの国民的バンド。

【里国隆】さと－くにたか（1918-1986）〔人物〕
奄美と沖縄を放浪しながら路上でカニグトゥをかき鳴らし金属質の声で珍しい唄を唄いながら樟脳《しょうのう》を売っていた盲目の歌手。ディープすぎるルックスでモテまくって妻が8人いたという。

【サニーデイ・サービス】さにーでい－さーびす〔バンド〕
なんとなく「福祉」感が漂うバンド名である。

【サビ】さび〔バンド〕
ジェームズ・ブラウンにサビという概念を理解するまで教える、という拷問法をイスラエル秘密警察が採用。

【サーフィン／ホットロッド】 surfin'/hot rod〔ジャンル〕
サーフィンとホットロッドの違いは、小林旭の「渡り鳥シリーズ」と「流れ者シリーズ」の違いのようなものである。つまりほとんど同じ。

【サブ・ウーファー】 subwoofer〔電気〕
超低音を担当する大型スピーカー。地震兵器の一種である。

【ザ・サベージ】 The Savage〔バンド〕
寺尾聰《あきら》がベースを弾いていたバンド。『いつまでもいつまでも』をヒットさせたが、曲名とはうらはらに1年余りで解散した。

【サポート・バンド】 support band〔一般〕
1、バック・バンドのこと。2、前座のバンドのこと。1の場合はステージに物が飛んでこないが、2は物が飛んでくるので両者を識別することができる。

【サム・クック】 Samuel Cooke (1931–1964)〔人物〕
モーテルで強姦しようとして射殺された伝説のソウル・シンガー。ロッド・スチュワートはほとんどサム・クックの声帯模写である。

【サルサ】 salsa music〔ジャンル〕
70年代にニューヨークを中心に発展したラテン音楽の一種。人類史上シャツの襟の大きさはこのサルサ・シーンにおいて極限に達した。

【三次聴覚野】 さんじ-ちょうかくや〔医学〕
ここが損傷を受けると大貫妙子と吉田美奈子の区別がつかなくなる。

【三線】 さんしん〔楽器〕
沖縄や奄美諸島で使用される三味線の原型。共鳴に蛇皮を用いることが特徴。蛇皮を入手するために東南アジアに渡航してジャングルでニシキヘビに丸のみされる職人が後を絶たないため、最近では人工素材の皮も使われるようになった。

【サンタナ】Santana〔バンド〕
立川に「サンタマ」というコピー・バンドがある。
→【カルロス・サンタナ】

【サンバ】samba〔ジャンル〕
リオのカーニバルが世界的に有名である。リオの住人の中にはカーニバルの狂騒を嫌い、カーニバル期間中はリゾートなどへ疎開する者がかなりの数いるという。阿波踊り会場の真っ只中で育った筆者はその心情に深く共感する。

【サンハウス】Sonhouse〔バンド〕
めんたいロックといわれる福岡のロック・シーンの鼻祖バンド。著作権の侵害ぶりはジャマイカ並みである。

【サンバ・ホイッスル】samba whistle〔楽器〕
葬儀中や深刻な会議の席では奏でることを厳しく禁止されている楽器。

【賛美歌】さんびか〔ジャンル〕
モスクで唄うことは厳しく禁止されている歌曲。通常、番号で呼ばれるが『セイ・イット・ラウド・アイム・ブラック（Part 2)』『エイント・イット・ファンキー・ナウ（Part 1）／（Part 2）』『ラブ・ポーションNO・9』『レボリューションNO・9』などは賛美歌には含めない。

【サンプラー】sampler〔楽器〕
既存の楽音や環境音を電気的・電子的に取り込み再生させることのできる楽器。最初は何億円もしたが、その後普及し、２０１０年に筆者がAKAI S-3000XLをハードオフに持ち込んだところ査定額は８００円であった。

【サンプリング】sampling〔一般〕
サンプリング元のアーティストが怒るか喜ぶかはまったくわからない。ジェームズ・ブラウンは自らの楽曲のサンプリングを推奨したが、ジェームズ・ブラウンのドラム奏者は「勝手に使いやがって」と激怒した。

【サン・ラ】Sun Ra (1914-1993)〔人物〕
土星出身のジャズ・バンド・リーダー。チャールズ・ミンガスを「パクリ野郎」、オーネット・コールマンを「黒さゼロ」、ローランド・カークを「色物芸人」とこきおろし、インタヴュアーが「それではあなたが尊敬するのはだれですか？ デューク・エリントン？」の問いに「ブルース・スプリングスティーン氏」と答えた。

【し】

【シーウインド】Seawind〔バンド〕
ハワイのフュージョン・バンド。透明で伸びやかな女性ボーカルを擁した爽快で開放的な音楽性なので、トンネル工事の現場のＢＧＭにはまったくそぐわない。

【THE JAYWALK】ざ－じぇい－うぉーく〔バンド〕
まじめにコツコツと何十年もやってきた優れたバンドなのに、ボーカルがスピードフリークだったというだけで日本中が大騒ぎである。これがニューヨーク・ドールズだったらどうなっているのだ。

【ジェシ・エド・デイヴィス】Jesse Ed Davis (1944-1988)〔人物〕
生粋《きっすい》のインディアンのスライド・ギタリスト。タジ・マハールに加入したのもインド人としての血がそうさせたのだろう。

【ジェスロ・タル】Jethro Tull〔バンド〕
「欧米では絶大な人気を誇るスーパー・バンドなのに日本では知名度がまったくないバンド」として日本でも有名である。

【ジェネシス】Genesis〔バンド〕
フィル・コリンズの下剋上物語の舞台。

【ジェファーソン・エアプレイン】Jefferson Airplane〔バンド〕

美貌の猛女が屈強な男たちを統括する「アナタハン島事件」みたいなヒッピー・バンド。

【ジェフ・バクスター】Jeff “Skunk” Baxter (1948–)〔人物〕

無名時代のジミ・ヘンドリックスの弟子としてそのキャリアをスタートさせ、初期スティーリー・ダン、後期ドゥービー・ブラザーズに加入した後、独学で大量破壊兵器の専門家になり、２００１年にアメリカ国防総省の軍事顧問に就任し、ベンチャーズにも加入した。嘘だと思うならNASAのオフィシャルプレスリリースを見てみろ。Jeff “Skunk” Baxter, Missile Defense Analyst, Beverly Hills, Calif. と愛称の「スカンク」付きでクレジットされている。

【ジェフ・ベック】Geoffrey Arnold “Jeff” Beck (1944–)〔人物〕

トーキング・モジュレーターの使いすぎで脳が壊れたために、一つのバンドで2枚以上アルバムが出せなくなった英国を代表するギター・ヒーロー。

【ジェフ・ミルズ】Jeff Mills (1963–)〔人物〕

アメリカ・ミシガン州デトロイト出身のミニマルテクノＤＪ。ＵＲの創始メンバーでもあったが脱退。彼がなぜ独立行政法人都市再生機構のメンバーだったかは謎である。

【ジェームス・ジェマーソン】James Lee Jamerson (1936–1983)〔人物〕

モータウンの伝説的ベーシスト。モータウンのレコードでものすごいベースラインを聴いて「すげえ、さすがジェームス・ジェマーソン」と思ったものはたいていキャロル・ケイのベースである。

【ジェームス・テイラー】James Taylor (1948–)〔人物〕

ボストンの裕福な家庭に生まれたシンガーソングライター。裕福なひとに人気がある。身長が２メートル50センチくらいある。

【ジェームズ・ブラウン】James Joseph Brown, Jr.（1933–2006）〔人物〕

異星人と交信する時には地球人の代表音楽としてＪＢを紹介するとよかろう。それで拒絶反応を起こすようでは即交戦である。

【ジェリー・ガルシア】Jerome John "Jerry" Garcia（1942–1995）〔人物〕

項目数の多いことでは世界有数の日本語版wikipediaにはジェリー・ガルシアのページがない。項目数が少ないことで有名な韓国版wikipediaにはしっかりある。日本より韓国でウケるようである。と旧版に書いたら、詳細な項目が執筆されていた。

→**【グレイトフルデッド】**を見よ。見ても「ヒッピーバンドを見よ」と書いてあるだけだと思うが。

【ジェリー・ゴフィン】Gerald Goffin（1939–2014）〔人物〕

キャロル・キングの夫で作詞担当。60年代中期までアメリカンポップスの黄金期を主導していたが、ＬＳＤにハマり、シド・バレットやピーター・グリーン方面に行ってしまった。あのヤクは向き不向きがあるのである。

【ジェリー・ジェモット】Gerald Joseph Stenhouse "Jerry" Jemmott（1946–）〔人物〕

ジャコパスが唯一敬語を使う相手。

【ジェリー・フィッシュ】Jellyfish〔バンド〕

ジェリー・ガルシアとフィッシュが合体したみたいな名前だが、別にヒッピー・バンドというわけではない。サンフランシスコのバンドだが、別にヒッピー・バンドというわけではない。

【シェル】shell〔楽器〕

ドラムの胴のこと。これにガソリンを詰めて売っていたのがシェル石油である。

【シェール】Cher (1946-)〔人物〕
サイボーグ化された叶姉妹みたいな風貌の歌手。

【ジェーン・バーキン】Jane Birkin, OBE (1946-)〔人物〕
たどたどしいフランス語で唄うアナルセックス専門サイボーグ。バッグを売って大儲けしたらしい。

【シカゴ】Chicago〔バンド〕
２枚組ばっか出している長寿ブラスロック・バンド。３枚組も出した。

【シカゴソウル】chicago soul〔ジャンル〕
シカゴが演奏するソウルのこと。２枚組で発表されることが多い。

【シカゴハウス】chicago house〔ジャンル〕
シカゴが演奏するハウスのこと。２枚組で発表されることが多い。

【シカゴブルーズ】chicago blues〔ジャンル〕
シカゴが演奏するブルーズのこと。２枚組で発表されることが多い。

【ＺＩＧＧＹ】じぎー〔バンド〕
デヴィッド・ボウイに影響を与えた日本のロックバンド。

【シーケンサー】music sequencer〔楽器〕
自動演奏装置。楽譜どおりに弾くミュージシャンもそう呼ばれる。熱などで暴走するのは機械も人間も同じである。

【シタール】sitar〔楽器〕
ビートルズの伝記番組で「メンバーの個性や音楽性に幅が出てきた」という時期のＢＧＭで奏でられるインドの楽器。

【室内楽】しっ‐ない‐がく〔ジャンル〕
東京ドーム公演は室内楽だが、国立競技場公演は室外楽に分類される。

【シテ】して〔演劇〕
能の主役。死ぬとパリ市内のセーヌ川中洲に葬られたという。

【ザ・ジーティーオーズ】The GTO's〔グループ〕
スターとセックスするしか能のない少女たちをフランク・ザッパが集めてきてアルバムを作った。ほとんど管理売春である。

【シティポップス】してぃ‐ぽっぷす〔ジャンル〕
和製英語の典型である。

【シド・ヴィシャス】Sid Vicious (1957–1979)〔人物〕
音楽的影響力は皆無だが、文化的影響力は他を圧するカリスマ・ベーシスト。

【シド・バレット】Syd Barrett (1946–2006)〔人物〕
メンヘラ・ミュージシャンの最高峰である。

【シネイド・オコナー】Sinead Marie Bernadette O'Connor (1966–)〔人物〕
冗談が通じなさそうなアイルランド人女性歌手。

【渋谷系】しぶや‐けい〔ジャンル〕
１９９０年代に和光学園と自由の森学園の生徒やＯＢによって興された音楽ジャンル。

【ジミー・クリフ】Jimmy Cliff (1948–)〔人物〕
ジャマイカの山奥から首都キングストンへやってきて、職探ししているうちに、教会が経営している鉄工所で住み込みで働く。牧師の娘に手を出したり、同僚をナイフで切り刻むなどの問題を起こすが、ヒルトン・レコードにオリジナル曲を吹き込む。ギャラの安さに怒るが、どうしようもないのでマリファナの密売人になり警察官を射殺し、指名手配。ヒルトン・レコードはジミー・クリフの曲を大キャンペーンし見事大ヒット。お尋ね者として逃げ回りついに警官隊の砲火に倒れる。が現在も世界中で活躍中である。

【ジミー・ペイジ】James Patrick Page, OBE (1944–)〔人物〕

10代の頃からイギリスのトップ・セッションマンとして活躍しヤードバーズ参加を経てレッド・ツェッペリンを結成。長いキャリアの後半¾はＮＨＫ「できるかな」のノッポさんに似ていると言われ続けている。

【ジミ・ヘンドリックス】James Marshall Hendrix (1942–1970)〔人物〕

陸軍第１０１空挺師団出身のジミ・ヘンドリックスはベトナム戦争を名誉ある戦争だと思っており、戦争に反対する立場ではなかった。そのヘンドリックスが反戦ヒッピーが数十万人集まったウッドストックの大トリを務めたのだから、状況は単純ではなかった。ヘンドリックスを撮影した写真は何万枚もあるが、いかなるＴシャツをも着た写真は１枚も存在しない。

【ジム・オルーク】Jim O'Rourke (1969–)〔人物〕

平成のクロード・チアリ。

【ジム・キャパルディ】Nicola James "Jim" Capaldi (1944–2005)〔人物〕

ヘリオンズのリード・ボーカルだったがドラマーに転向、その後リード・ボーカルに復帰、ディープ・フィーリングを経てトラフィックでまたドラマーに再転向、後期トラフィックではリード・ボーカルに再復帰、その後ディスコのひととなり、ディスコを辞め、ブラジルへ移住し、ソロでそこそこ売れた。忙しい人生である。

【ジム・モリソン】James Douglas "Jim" Morrison (1943-1971)〔人物〕

ドアーズのリード・シンガーで詩人としても卓越した才能を発揮した伝説的カリスマ。ラリると人前でおちんちんを露出するという人間味溢れるキャラクターで愛された。渡仏し風呂に入り溺れ死んで映画化された。

【ジャイルズ・ジャイルズ&フリップ】Giles Giles & Fripp〔バンド〕

キング・クリムゾンの前身バンド。皇居では演奏しなかった。

【ジャー・ウォブル】John Joseph Wardle (1958-)〔人物〕

PILでベースを弾いていた英国のレゲエ・ベーシスト。ジョン・ライドンの悪友だったが喧嘩してPILを脱退。PILはチャットモンチーに触発されて主要メンバー空席のまま活動を続けた。そんなことより娘がヘイリー・エンジェル・ホルトという超セクシー女優であることのほうが重要。

【シャカタク】Shakatak〔バンド〕

バブルに狂騒した時代のBGM。

【じゃがたら】じゃがたら〔バンド〕

奇人江戸アケミ率いるファンク・バンド。蛇を噛み千切ったりする過激なパフォーマンスで、ライヴ会場から締め出しを喰う。ザ・スターリンもそうであったが、80年代初期、ライヴハウス締め出しはバンドのステイタスであった。

【尺八】しゃく‐はち〔楽器〕

円筒状の深笠を被って演奏する竹製の管楽器。リトル・フィートの故ローウェル・ジョージは虚無僧の装束で矢野顕子のファースト・アルバムで尺八を吹いた。

【ジャコ・パストリアス】Jaco Pastorius (1951–1987)〔人物〕

超絶技巧と派手なパフォーマンスでウェザー・リポートの看板ベーシストとして人気を博す。世界的著名人となったのに数年後にはバスケットボールコートでホームレス生活をしており、ガードマンに殴り殺された。読者諸君、ユメユメ、ミュージシャンなどに憧れてはなりませんぞ。

【ジャズ】jazz〔ジャンル〕

阿部薫から阿川泰子まで、アルバート・アイラーからケニー・Gまで、全部ジャズである。

【ジャスティン・ティンバーレイク】Justin Randall Timberlake (1981–)〔人物〕

名前の中にチンチンがある。

【ジャズ・ファンク】jazz funk〔ジャンル〕

ハモンド・オルガンを始めとする電気楽器を多用したソウル風味の踊れるジャズ。60年代末から70年代にかけて、かなりの人気を博したが、日本では90年代まで見向きもされなかった。その間にジャズファンク・アーティストは大方が飢え死にし、ジョージ・ベンソンただ1人が億万長者になった。読者諸君、ユメユメ、ミュージシャンなどに憧れてはなりませんぞ。

【JASRAC】日本音楽著作権協会〔団体〕

なぜか嫌われている文部科学省の天下り先。本人たちも嫌われているのに自覚的らしく、代々木上原の本部をキビシイ顔で訪問すると、揉み手すり手の猫なで声で接待してくれて玉露の冷茶が出る。数万円払えば誰でも会員になれるので、広島のヤクザの親分が入会し、新年会で「◎◎会総長の△△という田舎ヤクザであります!」と大声で挨拶して列席者の度肝を抜いたそうだ。

【ジャズ・ロック】 jazz rock〔ジャンル〕
『ルイ・ルイ』のリズムで『ジャイアント・ステップス』のコード進行を演奏したもの、またはその逆。

【ジャック・ジョンソン】 Jack Johnson (1975–)〔人物〕
マイルス・デイヴィスのジャズロック、ジャズファンク路線の最高傑作アルバム。これはサントラなのだが、映画も最高である。

【ジャックス】 じゃっくす〔バンド〕
和光学園のバンドなので渋谷系である。

【ジャック・ブルース】 John Symon Asher "Jack" Bruce (1943–2014)〔人物〕
アクの強いベースプレイとボーカルで有名なスコットランド出身のブレイン・ドレイン・ミュージシャン。グラハムボンド・オーガニゼーション時代はステージ上でドラムのジンジャー・ベイカーと本気の取っ組み合い喧嘩を始める短気さで人気を博し、クリーム時代は演奏でドラムのジンジャー・ベイカーと本気の喧嘩を繰り広げ億万長者になった。バブルの頃、学生服を着た日本人ギタリストとバンドを結成し来日した。
→【ブレイン・ドレイン】
→【クリーム】

【ジャック・マクダフ】 Jack McDuff (1926–2001)〔人物〕
ジャズ・オルガン奏者。ジョージ・ベンソンはジャック・マクダフの弟子だが、ジャック・マクダフの1億倍くらい金を稼いだ。

【シャーデー・アデュ】 Helen Folasade Adu, OBE (1959–)〔人物〕
優雅で洗練された大人の夜を演出する歌姫。彼女率いるバンド「シャーデー」は競艇場のBGMにはそぐわないことで有名。

【ザ・シャドウズ】The Shadows〔バンド〕

ビートルズ出現以前から大人気で、ビートルズ解散以降も人気を保ち、ヒットシングルの数はビートルズより多い。イギリスでもっとも成功したバンドである。

【ジャーニー】Journey〔バンド〕

ヒッピー・バンド、サンタナの残党が作ったとはとても思えない、産業ロックの権化のようなサンフランシスコのバンド。アルバム邦題は『宇宙への旅立ち』『未来への招待状』『果てしなき挑戦』『ライヴ・エナジー』『時を駆けて』『永遠の旅』etc. とこれ以上ダサいタイトルはありえないと思われる字句のオンパレードで大人気を博し、現在も活動中。

【ジャニス・ジョプリン】Janis Lyn Joplin (1943-1970)〔人物〕

シャーデーとは180度違うキャラクターである。彼女がいなかったら仲屋むげん堂もチチカカも存在していなかっただろう。

【ジャネット・ジャクソン】Janet Damita Jo Jackson (1966-)〔人物〕

レニー・クラヴィッツがちんちんポロリする前までは、ジャネットのおっぱいポロリがYouTubeの最大視聴数を誇っていた。盛者必衰である。

【ジャパノイズ】japanoise/japanoize〔ジャンル〕

秋篠宮殿下が愛好しているのであるからたいしたものである。

【ジャパン】Japan〔バンド〕

日本での人気を当て込んで命名されたあざといバンド名で、デビューした時は日本の全ロック・ファンが「その手に乗るか！」と思ったのだが、はたして人気は出た。

【シャープス・アンド・フラッツ】Sharps and Flats〔バンド〕
日本のデューク・エリントン原信夫率いるビッグ・バンド。皇居でも演奏したというのだからえらいものである。

【ジャーマン・トランス】german trance〔ジャンル〕
ゴアトランスやサイケトランスが大流行する直前に日本のレイヴ・シーンでもてはやされた音楽ジャンル。スヴェン・ヴァスとかジャム&スプーンとかレーベルでいえばEYE Q、ハートハウスなど、どちらにせよなにもかも薬物に支配された世界である。

【三味線】しゃみせん〔楽器〕
三味線の歴史は猫の受難の歴史である。原型となった三線の歴史は蛇の受難の歴史である。

【ジャミロクワイ】Jamiroquai〔バンド〕
床が動いてる！　床だけが動いてるよ！　あれどうなってんの!?

【ザ・ジャム】The Jam〔バンド〕
ザ・フーやスモール・フェイセスに影響されたモッズバンドらしいが、前記のバンドに顕著なユーモアが皆無で、ただひたすら痛々しい。同時期のバンドとしてはセックス・ピストルズやクラッシュのほうがモッズ的である。

【シャム69】Sham69〔バンド〕
浦和レッズの猛サポーターを煽動《せんどう》するブルーハーツみたいな趣のロンドンパンク。

【ジャムセッション】jam session〔一般〕
特に打ち合わせをせずに合奏すること。演奏者も聴衆も「いつ終わるのか」ということで頭の中は一杯である。

【シャングリラス】The Shangri-Las〔グループ〕
NYCの暴走族ガールズグループ。美少女の誉れ高いメアリー・ウェイス嬢はレイプの危険から身を守るためにツアー中、拳銃を持ち歩いていたという。65〜66年が全盛期でヒットを連発するが、なぜかプロデューサーから見放されて悲惨な最期に。ラストシングル『フットステップス・オン・ザ・ルーフ』は泣ける。

【ジャンゴ・ラインハルト】Django Reinhardt (1910–1953)〔人物〕

世界的な大スターとなってからも馬車に住んでいたというペリーヌ物語みたいなジプシー・ジャズ・ギタリスト。

【上々颱風】しゃんしゃん-たい-ふーん〔バンド〕

誰もが沖縄のバンドだと思っていた「無国籍音楽」を標榜するバンド。

【ジャン・ミッシェル・ジャール】Jean Michel Jarre (1948–)〔人物〕

シンセサイザーをいじくり回すオタクのくせに、シャルロット・ランプリングやイザベル・アジャーニ、アンヌ・パリローといった絶世の美女たちをモノにしてきたうらやましすぎてムカつく奴である。

【十二音音楽】じゅう-に-おん-おんがく〔ジャンル〕

12個しか音を発してはいけない音楽。ギターをじゃらんと弾けばそれだけで6音消化であるから大変である。12弦ギターならダウンストローク一発で終了である。女子十二楽坊なら1人一音で終了である。

【シュガー・ベイブ】SUGAR BABE〔バンド〕

山下達郎と大貫妙子が在籍していたバンド。このバンドの悪口を言っているひとを聞いたことがない。

【シューゲイザー】shoegazer〔ジャンル〕

演奏者も観客も靴を見つめ続ける、靴フェチの愛好する音楽。

【ジューズ・ハープ】jew's harp〔楽器〕
「口琴《こうきん》」ともいう。調子にのって弾きつづけると前歯が欠けるので、前歯の欠けた者を見るとこの楽器の演奏者とすぐわかる。

【ジューダス・プリースト】Judas Priest〔バンド〕
ロブ・ハルフォードがゲイであることをカミングアウトした時、世間はなにをいまさらと失笑したものである。それはともかく、硬派すぎて逆にコミカルという英国風の洒落の利いたセンスは全盛期のミュージックビデオでたっぷり堪能できる。

【ザ・シュープリームス】The Supremes〔グループ〕
同年同時期にディナーショーのために来日した時ザ・シュープリームスは2万5000円、元シュープリームスのダイアナ・ロスは5万円と値が開いたことからもわかるとおりダイアナ・ロスあってのザ・シュープリームスである。ダイアナの付けまつげは世界最大で、瞬きすると風圧で窓ガラスが割れたという。またダイアナの香水の使用量もハンパなものではなく、彼女が乗ったエレベーターは匂いが染み付き、1ヵ月間は使用不可となったという。

【シュランツ】schranz〔ジャンル〕
フランクフルト発祥のゴリゴリバキバキのテクノ。下品なテクノの好きな筆者のガールフレンドによるとリスナーには「本当に病んでいるひとが多い」そうだ。

【ジュリアン・レノン】John Charles Julian Lennon (1963-)〔人物〕
『ルーシー・イン・ザ・スカイ・ウィズ・ダイア

モンズ』という不世出のサイケデリック・ソングを麻薬狂の父親のサポートを受け4歳にして世に送り出した天才音楽家。

【JUN SKY WALKER(S)】じゅん-すかい-うぉーかーず〔バンド〕

ザ・ブルーハーツの12654番煎じくらいのバンド。とても人気があった。

【ジョアン・ジルベルト】João Gilberto Prado Pereira de Oliveira (1931-)〔人物〕

アメリカに移住して10年も経つのに英語で話しかけられると「ミー・ノー・スピーク！」と叫んで逃げ回っていたという。その歌唱は正確な音程で知られ「結核患者の耳」を持つといわれた。

＊注　結核患者は異常に耳が鋭敏になる、という俗説がある。

【ジョイ・スティック】joystick〔電気〕

直訳すれば「悦《よろこ》びの棒」。何に使用するかおおよそ見当はつくというものである。

【ジョイ・ディヴィジョン】Joy Division〔バンド〕

メンバーもファンもメンヘラである。

【ジョイント・リサイタル】joint recital〔一般〕

マリファナの巻きタバコをいかに上手に巻けたかを披露するイベント。

【唱歌】しょう-か〔ジャンル〕

『蝶々』『蛍の光』『仰げば尊し』などは全部外国の歌に無断で歌詞をつけたものである。ジャマイカでリディムにヴォイシングするのと同じである。著作権という概念のないがゆえの産物である。

【SHOGUN】しょうぐん〔バンド〕

海外でも通用するバンド名ということで命名されたが日本だけで大ヒットした。

【湘南乃風】しょうなん-の-かぜ〔グループ〕

気合いの入ったラーメン屋みたいなレゲエ・グループ。

【少年ナイフ】しょうねん‐ないふ〔バンド〕

少年と名乗っているが少年どころか少女もいない。筆者はテキサス州ダラスのＪＦＫ狙撃現場で遇ったことがあり、とてもよくしてくれたので好印象である。

【ジョー・コッカー】John Robert “Joe” Cocker, OBE (1944–2014)〔人物〕

ウッドストックでジョン・ベルーシの物真似をして一躍有名になったシェフィールドのソウル歌手。

【ジョー・ザヴィヌル】Josef Erich “Joe” Zawinul (1932–2007)〔人物〕

地球上でもっともファンキーな曲を作り、もっとも黒く演奏した男は、ミシシッピーの綿花地帯でもシカゴのゲットーでもなく、ナチスドイツ支配下のウィーンで生まれた。

【ジョージ川口】じょーじ‐かわぐち (1927–2003)〔人物〕

ベトナムで慰問ライヴをしている最中にベトコンの襲撃を受け、メンバーが次々と撃たれる中、最後までドラムソロを止めなかった。脱出の際、ジェット戦闘機に乗り込んだが、パイロットが流れ弾を受け即死。ジョージ川口自身が代わって操縦し嘉手納基地まで戻り、その後アメリカ軍から勲章をもらった。

【女子十二楽坊】じょし‐じゅうに‐がくぼう〔バンド〕

関係者は「ガクボー」と略す。12人も女子ばかりだと、常に5人くらいはＰＭＳ中である。

【ジョージ・デューク】George Duke (1946–2013)〔人物〕

怪異な風貌で各種キーボードを巧みに操り、スイートなジャズから攻撃的なディスコまで幅広くプロデュースしながらフランク・ザッパのバンドに

し

も長期にわたって参加したというのだからホンモノの怪物である。

【ジョージ・ハリスン】George Harrison,MBE (1943–2001)〔人物〕

ジョン・レノンの子分で、ビートルズをインドに連れていって、エリック・クラプトンに美女の誉れ高い妻を贈呈したギタリスト。

【ジョージ・ベンソン】George Benson (1943–)〔人物〕

ソウルジャズ、ジャズファンク界隈の先輩同僚が次々と餓死するなか、彼だけは成功して超豪邸に住み超高級スポーツカーを乗り回し、EAST END × YURIを著作権侵害で訴えた。

【ジョージ・マイケル】George Michael (1963–2016)〔人物〕

→**【ゲイ・アイコン】**

【ジョージ・マーティン】Sir George Henry Martin, CBE (1926–2016)〔人物〕

ビートルズのプロデューサーとして未曽有の大成功を収めたが、当初はＥＭＩの社員プロデューサーだったので、印税が受けられなかった。そこで退社して会社を立ち上げたらやはり巨万の富が入ってきた。深い音楽的教養と長身の貴族的な風貌から、上流階級出身のように思われるが、父親は交差点で新聞を売っていた、というから労働者階級の下の下である。

【ジョージ・リンチ】George Lynch (1954–)〔人物〕

「ジョージ・リンチはドッケンにいた頃のほうが良かった……」と遠い眼をして呟くと、硬派のメタル・ファンと思われるから試してごらん。

【ジョー・ストラマー】John Graham Mellor (1952–2002)〔人物〕

地球上でもっともロンドン・パンクを体現した男はハマースミスでもシェパーズ・ブッシュでもなくトルコのアンカラで生まれた。

【ショッキング・ブルー】The Shocking Blue〔バンド〕
NENAの元ネタのようなオランダの一発屋バンド。

【ジョニー・ウィンター】John Dawson Winter III (1944–2014)〔人物〕
テキサス出身のアルビノ超高速ブルーズ・ギタリスト。スイスのチューリヒというテキサスブルーズとは１００万光年離れた土地で死去。弟のエドガーもアルビノだが兄貴よりはチャラくてディスコでヒットした。

【ジョニー“ギター”ワトソン】Johnny“Guitar”Watson (1935–1996)〔人物〕
「ギターケーブルは音質劣化を防ぐため、なるべく5メートル以内にするのが好ましい」といわれているが、１９８５年の渋谷LIVE INN公演では20メートルくらいあるケーブルを使用して、客席を練り歩き、最高のテキサスブルーズ・ギターを披露した。筆者は亡父と一緒に観たがとにかくすばらしいライヴであった。筆者の大嫌いなＤＸ７が2台も使用されているバンド形態であったにもかかわらずである。

【ジョニー・キャッシュ】Johnny Cash (1932–2003)〔人物〕
みずから操縦する自家用飛行機で妻を睡眠薬で昏睡させ、自分はパラシュートで飛び降りて完全犯罪を目論むが、ＬＡ市警のコロンボ警部にトリックを見破られた。刑務所でライヴを多数行い、刑務所でのライヴ実況盤はものすごく売れることを世間に示した。

【ジョニー・サンダース】Johnny Thunders (1952–1991)〔人物〕
稀代の麻薬常習ギタリストであるが、４、５回来日している。日本の税関がいかに無能かを世間に示した。

【ジョニ・ミッチェル】Roberta Joan Anderson (1943–)〔人物〕
ピーター・バラカン語では「ジョウニ・ミチュー

ル」。代表曲『the circle game』はアグネス・チャンに盗られた。

【ショルダー・キーボード】shoulder keyboard〔楽器〕

英語圏では「キーター（Keytar）」と呼ぶ。日清食品「どん兵衛」のノベルティグッズできつね型のショルダー・キーボードがあった。

→**【川谷拓三】**
→**【山城新伍】**
→**【ハービー・ハンコック】**

【ジョン・ウィリアムズ】John Towner Williams (1932–)〔人物〕

背中にロケットを担いで空を飛ぶ時必須のＢＧＭを作ったひと。デス・スターの中心を爆破する時のＢＧＭも作った。

【ジョン・エントウィッスル】John Alec Entwistle (1944–2002)〔人物〕

派手な刺青を入れた恐ろしげな風貌のザ・フーのベーシスト。ゴールド・ディスクでクレー射撃をし、ラスベガスでツアーの前払い金１００万ドルを一晩で溶かし、腹いせにコカインを大量摂取して、カジノ差し回しの超高級コールガールにフェラチオさせながら死んだ。まさに『不滅のハードロック』（ザ・フーのアルバムタイトル）を地でいった。

【ジョン・オーツ】John Oates (1949–)〔人物〕

相棒のダリル・ホールより一回り小柄だが、実は身長１８５センチある。ダリル・ホールが２３０センチくらいあるのである。

【ジョン・コルトレーン】John Coltrane (1926–1967)〔人物〕

聖人らしいが、残された写真を見るといつもテナー・サックスを持っているので、相当の音楽好きだったと思われる。

【ジョン・ゾーン】John Zorn (1953–)〔**人物**〕
テナー・サックス奏者らしいが、「COBRA」を発見したらしいので、爬虫類学者でもあったのではないかといわれている。

【ジョン・デンバー】Henry John Deutschendorf, Jr. (1943–1997)〔**人物**〕
ウェストヴァージニア州に一度も行ったことがないのに、ウェストヴァージニア州の歌を唄って大ヒットした。筆者はウェストヴァージニア州モーガンタウンに行ったことがあるが、革ジャンを着たゴロツキにビリヤード場で絡まれたので、そのようなガラの悪い土地に行かなかったデンバー氏は賢明である。

【ジョン・トラヴォルタ】John Joseph Travolta (1954–)〔**人物**〕
ニュージャージー出身の空飛ぶミュージカルスター。『パルプ・フィクション』『グリース』『サタデー・ナイト・フィーバー』で著名だが、日本人のある世代にとってはなんといっても『プラスチックの中の青春』である。

【ジョーン・バエズ】Joan Chandos Baez (1941–)〔**人物**〕
アメリカの森山良子。

【ジョン・フォガティ】John Cameron Fogerty (1945–)〔**人物**〕
クリーデンス・クリアウォーター・リヴァイヴァルの中心人物。ソロになって低迷していたが、『Centerfield』で世界最長のシールドケーブルを使い奇跡のカムバックを遂げた。

【ジョン・ベルーシ】John Adam Belushi (1949–1982)〔**人物**〕
→**【ジョー・コッカー】**
→**【三船敏郎】**
→**【コカインを吸引するベートーヴェン】**

【ジョン・ボーナム】John Henry Bonham (1948–1980)〔**人物**〕

英国随一のファンキー・ドラマー。日本のミツワ石鹼のトレードマークを自分のトレードマークに使用していた。

【ジョン・ポール・ジョーンズ】John Paul Jones (1946–)〔**人物**〕

ビートルズとザ・ローリング・ストーンズのメンバーを合体させたような欲張りな名前である。25種類もの楽器を演奏できるというから相当な欲張りなのだろう。しかしレッド・ツェッペリンではどこにいるのかわからぬほど目立たない。

【ジョン・メイオール】John Mayall (1933–)〔**人物**〕

メイオール学校といわれたほど偉大なミュージシャンを輩出した、英国のバンド・リーダー。ものすごい変人で、子供の頃から木の上に住み、結婚しても木の上に住み、世界的に有名になってからやっと木から降りた。ツアー中はほら穴で寝起きしたという。

【ジョン・リー・フッカー】John Lee Hooker (1917–2001)〔**人物**〕

ブルーズは通常3コードだが、ジョン・リー・フッカーのブルーズは2コードである。コードの数を倹約した結果莫大な財産を残した。

【ジョン・レノン】John Winston Ono Lennon, MBE (1940–1980)〔**人物**〕

捨て子→お坊ちゃん→テディボーイズワナビー→モッズ→ヒッピー→前衛芸術家→過激派→退屈セレブ→暗殺。

【ショーン・レノン】Sean Taro Ono Lennon (1975–)〔**人物**〕

父親はイギリス人で母親は日本人、アメリカで生まれ本人はアイルランド系の名前である。国籍が不明である。

【ジョン・ロード】Jon Lord (1941–2012)〔**人物**〕

昔から国産のシンセやハモンドクローン機には必ずジョン・ロードふうのディストーション・オルガンのプリセットがたくさん入っている。はっきりいってあのアクの強い音色、パープルのコピバン以外では誰も使わない。日本の電子鍵盤楽器技術者の層の薄さと異常なパープル信仰がよくわかるというものだ。

【シーラ・E】Sheila Escovedo (1957-)〔人物〕
世界一の脚線美を誇る悩殺美女ドラマー。ピンヒールでクラッシュ・シンバルを蹴り上げるキメのたびに全世界で2億人の男性が射精した。

【シラ・ブラック】Priscilla Maria Veronica White, OBE (1943-2015)〔人物〕
ビートルズの妹分としてデビューした。横浜銀蝿と岩井小百合の関係である。それなのに当時から貫禄充分でインドに行ったビートルズを「生臭《なまぐさ》坊主に騙《だま》されてシューキョーかい」と超上から目線でバカにしてた。圧倒的な歌唱力で永年英国の芸能界に君臨し続けた。

【シルヴィ・ヴァルタン】Sylvie Vartan (1944-)〔人物〕
フランス製R&R「イエイエ」シーンを代表するアイドルとして登場し、フランス芸能界にいまも君臨する大歌手。親日家とも知られ70年代には日本全国行脚。徳島のオーカワ御苑という割烹旅館に泊まったが、直後オーカワ御苑は食中毒を出し廃業。

【ジルバ】jitterbug〔ダンス〕
日本においては横浜ジルバ（ハマジル）、三角ジルバ、九州ジルバと少なくとも三系統が存在するようである。「三角ジルバ」とはなんであろうか？コーナーポストや壁を利用して相手の死角から延髄斬りを決める「三角蹴り」の一種であろうか？

【シロタマ】しろ-たま〔楽譜〕
犬と猫を同時に呼ぶ時に音を長く伸ばすこと。

【清楽】しん－がく〔ジャンル〕
幕末から明治にかけて日本で大流行した中国（当時は清）の音楽。現代では跡形もない。ランバダみたいなものだったのだろう。

【シンクラビア】synclavier〔楽器〕
アメリカのニューイングランド・デジタル社が開発したワークステーション。総額5億円と噂されたモンスターマシン。たしか加山雄三が購入したはずだが、その成果は謎である。『君といつまでも～宇宙生命編～』みたいなものすごい超大作を製作していたのではないかと憶測を呼んでいる。

【シングル・カット】single-cut〔一般〕
出来が悪く売れ残ったシングル盤の在庫を切り刻む作業。

【ジーン・シモンズ】Gene Simmons (1949–)〔人物〕
→【ばんばひろふみ】
→【キッス】

【ジンジャー・ベイカー】Peter Edward "Ginger" Baker (1939–)〔人物〕
恐ろしげな風貌でものすごいドラムを叩く英国のミュージシャン。実際の人物は想像以上に恐ろしい暴力的な人間だそうだ。近寄らないほうが身のためである。しかし元競輪選手なので逃げても高速で追いかけてくるだろう。

【新世界レコード社】しんせかい－れこーど－しゃ〔企業〕
神保町にあったソ連音楽専門レコード店、ＫＧＢのエージェントとの噂があったが、ソ連崩壊後閉店。

【シンセサイザー】synthesizer〔楽器〕
小室哲哉の頭脳の大半を占領している概念。

【シンセポップ】synthesizer-pop〔ジャンル〕
→【シンセサイザー】

【シンディ・ローパー】Cynthia Ann Stephanie Lauper (1953–)

〔人物〕
大変な苦労人である。歌手として世界的に大ブレイクしたあとも一時期プロレスラーのマネージャーをやってた。

【シンバル】cymbal〔楽器〕
これでフリスビーをすると大怪我する。

【シンフォニック・ジャズ】symphonic-jazz〔ジャンル〕
あらゆる音楽はシンフォニック・ジャズとそれ以外に分類される。

【シンフォニック・メタル】symphonic-metal〔ジャンル〕
あらゆる音楽はシンフォニック・メタルとそれ以外に分類される。

【シン・リジィ】Thin Lizzy〔バンド〕
U2出現以前のアイルランドの国民バンド。という話をアイルランド人にしたら「今でもそうだ！U2くそくらえ！」と言ってたので今でも国民バンドだ。『マカロニほうれん荘』のトシちゃんはよくフィル・ライノットに変身してたね。

【す】

【ズィーズィートップ】ZZ Top〔バンド〕
テキサスの国民バンド。髭を伸ばしているのは将来テキサス共和国の紙幣に印刷された時の偽造防止のためだといわれている。

【吹奏楽】すいそうがく〔ジャンル〕
吹いて奏でる音楽であるから、吸ってはダメである。ゆえに循環呼吸は禁止されている。

【吹奏楽】すいそうがく〔名〕
中学生の頃、ブラスバンド部員はタダで高価な楽器を習得できるのに、４０００円のギターしか買えなかった筆者はいまでも恨んでいる。

【スウィング・ジャズ】swing jazz〔ジャンル〕
スウィングするジャズ。まるで他のジャズはスウィングしないと言い切っているかのような物言いである。

【ずうとるび】ずうとるび〔バンド〕
フィンガー5最大のライヴァル。ビートルズのオマージュ・バンドとしてベースが左利きというのはザ・ラトルズと並んで評価が高いポイントである。

【スカ】ska〔ジャンル〕
関西方言で「はずれ」の意味だが、実際は世界中で時代を超えて人気がある大当たりしたジャンルである。

【スカコア】ska core〔ジャンル〕
なんでも融合させればよいというものでもない。

【スキャット】scat〔奏法〕
歌詞を忘れた歌手がとっさに使う歌唱法。

【スキンズ】skins〔ジャンル〕
複数形であるから破れた場合に備えているのだろう。避妊のためとはいえ律儀なことである。

【スクエアプッシャー】Squarepusher (1975-)〔人物〕
デビュー当初にロンドンのクラブで行われたライヴを観に行ったら日本人ばかりであった。当の本人はコカインの吸いすぎで演奏中に倒れて店員に運ばれて退場した。ポートベローのクラブでおれがこの目で見たのだから本当である。

【スクラッチ】scratch〔奏法〕
レコードをこすって音を出す奏法。70年代に筆者がターンテーブルを入手した時は「絶対にやってはいけない」といわれたものだが、グラミー賞の授賞式でGrandmixer DSTがやったので解禁となった。

【スクリーミング・ロード・サッチ】Screaming Lord Sutch (1940–1999)〔人物〕

リッチー・ブラックモア、ジミー・ペイジ、ジェフ・ベック、ニッキー・ホプキンス、マシュー・フィッシャー（!）、カーロ・リトルらブリティッシュロックの重鎮たちが在籍していたことで有名な、イギリスの国民的ホラーR&Rシンガー。このひとがいなければアリス・クーパーもマリリン・マンソンも存在しなかっただろう。サッチ先生はユニークな政治活動でも知られ、晩年にいたるまで英国の大有名人であった。

【スクリーモ】screamo〔ジャンル〕

ハードコアとテクノはまったく細分化が著しい。きまじめなものほど分派セクト化するのは政治でも音楽でも同じなようだ。

【スコーピオンズ】Scorpions〔バンド〕

イギリスのUFOとともにマイケル・シェンカーに翻弄《ほんろう》され続けたハードロック・バンド。

【スザンヌ・ヴェガ】Suzanne Vega (1959–)〔人物〕

内省的な社会派フォーク・シンガーとして登場したが、当時の四国の高校生にとってはズリネタとして登場した。

【スタイル・カウンシル】The Style Council〔バンド〕

ザ・ジャムを脱退したポール・ウェラーが、博多のバンド「THE MODS」を音楽もファッションもまったくモッズ的でないので改名せよと勧告するために結成された「おしゃれ評議会」。最後のほうはハウスをやったりして、暗黒時代である。

【スタインウェイ】Steinway & Sons〔会社〕

超高級ピアノメーカー。春風亭小朝が泰葉に買い与えた。10億円くらいするらしい。

【スタジオ・ミュージシャン】studio musician〔一般〕
二日酔いでスタジオに現れて、アレンジャーに897連符のキメが連続する、1小節に23回転調する曲の譜面を渡されても平然と演奏してこなす超人。田中康夫の『なんとなく、クリスタル』に詳しい。

【スターズ】StarS〔バンド〕
→**【シド・バレット】**

【スタッカート】staccato〔奏法〕
お経をスタッカートで唱えると面白い。

【スタックス・レコード】Stax Records〔会社〕
テネシー州メンフィスで銀行員が始めたレコード会社。銀行員とは小椋佳のことではない。

【スタッフ】Stuff〔バンド〕
ニューヨークの敏腕スタジオ・ミュージシャンの余暇バンドであるが、本業より稼げてしまった。「音楽は趣味でやるものである」という格言の見本のようなバンドである。

【スタニスラフ・ブーニン】Stanislav Stanislavovich Bunin (1966–)〔人物〕
天才ピアノ少年としてデビューした時は少年のくせに髭を生やしていた。その後日本に移住したようであるが、まだヒガシマルうどんスープのCMには出てない。

【ザ・スターリン】THE STALIN〔バンド〕
このバンドをきっかけに共産主義や局部露出という概念を知った中高生が1980年代には何百万人もいたのだからたいしたものである。

【スタン・ゲッツ】Stan Getz (1927–1991)〔人物〕
クールジャズのミュージシャンであるが、ジョアン・ジルベルトからしてみると「ホット」すぎてバカ呼ばわりされた人気テナー奏者。とんでもないジャンキーでモルヒネほしさにLAの薬局に押し込み強盗に入り、長年ムショ務めした。

【スタンダード・ナンバー】standard number〔一般〕

スタンダード石油の社歌。

【スチャダラパー】すちゃだらぱー〔グループ〕

日本のデ・ラ・ソウル。

【スティーヴィー・レイ・ヴォーン】Stevie Ray Vaughan (1954–1990)〔人物〕

ＭＴＶ時代のジョニー・ウィンター。

【スティーヴィー・ワンダー】Stevland Hardaway Judkins (1950–)〔人物〕

国連平和大使とやらに就任した頃からコード進行が単純になってきて音楽もつまらなくなった。

【スティーヴ・ヴァイ】Steven Siro Vai (1960–)〔人物〕

フランク・ザッパの秘蔵っ子の超絶ギタリスト。上手すぎて映画『クロスロード』でブルーズ・ファンの顰蹙《ひんしゅく》を買った。

【スティーヴ・ウィンウッド】Stephen Lawrence "Steve" Winwood (1948–)〔人物〕

スペンサー・デイビス・グループを経て、自ら結成したトラフィックはアイドルバンドとしてデビューしたが、最後期にはヘロイン中毒のジャム・バンドになった。それはそれは素晴らしい演奏であった。

【スティーヴ・クロッパー】Stephen Lee Cropper (1941–)〔人物〕

スタックス・レコードの実質的現場監督。ザ・ビートルズがスタックス詣でを計画するほど著名になった。その後『ブルース・ブラザース』ではホリデイ・インのラウンジ・バンドに落ちぶれている姿が見られる。盛者必衰である。

【スティーヴ・ジョーンズ】Stephen Philip Jones (1955–)〔人物〕

ティーンエイジャーの頃は西ロンドンの名うての泥棒として活躍。その後セックス・ピストルズに加入。脱退後は売春婦にフェラチオさせながらハーレー・ダヴィッドソンを乗り回しLAに移住。人気グラムロックＤＪとなった。

【スティーヴ・ハウ】Stephen James Howe (1947–)〔人物〕

フラメンコやジャズに影響を受けたものすごいフレーズのギターを弾く、ものすごい菜食主義者。イエスというバンドにものすごく加入している。

【スティーヴ・ヒレッジ】Steve Hillage (1951–)〔人物〕

→【ヒッピー】

【スティーヴ・マリオット】Stephen Peter Marriott (1947–1991)〔人物〕

ミュージカル『オリバー！』初演時の初代アートフル・ドジャー役である。ちなみに映画版ではジャック・ワイルドが演じている。生涯あのキャラクターであった。その後はロック畑で活躍し、中世の城で焼け死ぬという、まるで北欧ブラックメタルを体現したような死に方をしたモッズのヒーロー。

【スティーヴ・ミラー・バンド】Steve Miller Band〔バンド〕

ラジオで聴く者の耳を捉えて離さないギミックに充ちたイントロを創造することに長けたミュージシャン。

【スティーヴン・スティルス】Stephen Arthur Stills (1945–)〔人物〕

ヴァン・ダイク・パークスとともにモンキーズのオーディションを受け落選。バッファロー・スプリングフィールドを経てCS＆Nを結成しモンキーズより売れた。その後もマナサスなどを結成、ソロキャリアでも成功する、80年代に来日し原宿歩行者天国のローラー族を絶賛する。

【スティクス】Styx〔バンド〕

60年代からの長いキャリアを誇るが、終始ダサかった。80年代には『ミスター・ロボット』という巨大ヒット曲でダサさの頂点に達した。その後もずっとダサかった。

【スティック】chapman stick〔楽器〕

その形状から卒塔婆《そとば》を引っこ抜いてきたと間違われるので墓地での演奏には注意を要する。

【スティーライ・スパン】Steeleye Span〔バンド〕

美人歌手マディ・プライヤ擁するイギリス・アイルランド合同のヒッピートラッド・バンド。このジャンルは広大である。しかしスティーライ・スパンが代表バンドなくらいだからきわめてマイナーである。

【スティーリー・ダン】Steely Dan〔バンド〕

演奏が完璧すぎて、服装に一切頓着《とんちゃく》しなくなったバンド。

【スティール・ギター】steel guitar〔楽器〕

ひざの上に置いてボトルネックで演奏するギター。なで肩すぎてストラップがかけられない体型のギタリストが主に使用する。

【スティールパン】steelpan〔楽器〕

輪切りにしたドラム缶を音程が出るようにした楽器。石油産業の副産物なので、発祥の地はおそらくペルシャ湾一帯であろう。

【スティング】Gordon Matthew Thomas Sumner, CBE (1951-)〔人物〕

ポリスやt.A.T.u.でベースを弾いた元教師。

【ステッペンウルフ】Steppenwolf〔バンド〕

60年代後期に大ヒット曲『ワイルドでいこう！』を放った、マッチョなソウル・ハードロック・バンド。その後も何曲か優れたヒットを飛ばしたが、それ以降数十年は裁判に次ぐ裁判の泥沼で音楽界よりも司法界で有名である。

【ステレオ】stereo〔一般〕

１９３２年、デューク・エリントン楽団のレコーディングが行われた。当時は1本のマイクでモノラル録音されていたが、この時はスペアとして計2本のマイクが使われ、それぞれから2枚のマスター盤が作られた。ところが手違いでそれぞれが同レコードとして販売された。あるひとが2枚を同時掛けしたところ偶然ステレオで再生されることがわかった。よく見つけたものである。

【ザ・ストゥージーズ】The Stooges〔バンド〕

ギターのロン・アシュトン以外のメンバー全員がジャンキーであったが、意外にもロン・アシュトンが真っ先に死んで、他のメンバーはぴんぴんしている。と思ってたらスコット・アシュトンが死んだ。

→**【イギー・ポップ】**

【ザ・ストラングラーズ】The Stranglers〔バンド〕

地主とか生物学博士とか三島由紀夫の研究者とかアイスクリーム会社の社長が寄り集まって結成されたパンク・バンド。髭を生やした金持ち親父どもの道楽バンドなのに、ザ・ローリング・ストーンズの楽屋を極真空手で襲撃し、パンクスたちから圧倒的な支持を受けた。

【ザ・ストリート・スライダーズ】THE STREET SLIDERS〔バンド〕

ザ・ローリング・ストーンズの50947番煎じくらいの三多摩地方のバンド。リーダーHARRYの姓「村越」は三多摩の素封家《そほうか》一族の苗字である。

【ストレイ・キャッツ】Stray Cats〔バンド〕
ものすごい演奏力を誇ったロカビリー界のクリームとでもいうべきトリオ。
→**【ブライアン・セッツァー】**

【ザ・ストーン・ローゼズ】The Stone Roses〔バンド〕
再結成しないので伝説のバンドとなっていたが、ついに再結成した。伝説だけでは喰えない元メンバーが、解散後も稼いでるリーダーを恫喝《どうかつ》して、なりふりかまわず伝説を現金化する方策に出たというところかな。

【スネア・ドラム】snare drum〔楽器〕
ドラムセットにおけるもっとも目立つアクセントを奏でる打楽器。これを盗んで隠すとライヴは中止である。

【頭脳警察】ずのう‐けいさつ〔バンド〕
世界同時革命を叫んだ過激派バンド。アルバムを持っているだけで公安に一生マークされるという。余談だが筆者は以前「頭脳検察」というバンドを結成していたことがある。

【スパイス・ガールズ】Spice Girls〔グループ〕
過激派も公安警察も検察官も鼻の下を伸ばすイギリスのお色気グループ。

【ザ・スパイダース】The Spiders〔バンド〕
60年代、東京山の手の芸能人の子弟や上流階級の子弟が結成したバンド。他のバンドには買えない高価な楽器を見せびらかして、うらやましがらせていた。

【スパイナル・タップ】Spinal Tap〔バンド〕
ザ・ラトルズのライヴァルバンド。

【スーパートランプ】Supertramp〔バンド〕

アラレちゃん。

【スパニッシュ・ギター】spanish guitar〔楽器〕
スペインで製作されたギターのこと。いうまでもなくアメリカで作られたギターは「アメリカン・ギター」、中国で作られたギターは「チャイニーズ・ギター」である。

【スピーカー】speaker〔電気〕
実はわれわれが聴いているすべての楽器や歌は、スピーカーに張られた紙の振動によるものである。紙の震える音をめぐって音楽界は廻っているのである。

【スピード・ガラージュ】speed garage〔ジャンル〕
大阪ではスピード・モータープールと呼ばれる。

【スピードコア】speedcore〔ジャンル〕
ガバやエクストラトーンと近似だが、『グッドフエローズ』のジョー・ペシや『フルメタル・ジャケット』のハートマン軍曹の暴力的な台詞をサンプリングして楽曲中で使用することが特徴である。このことからキング牧師の演説を多用するハウスとは対極にあることがわかる。

【スピリチュアル】spirituals〔ジャンル〕
白いケープのような衣服をまとい、各種占いや超古代文明に興味を持つヒッピーやニューエイジ信仰の一群。ゴスペルのもとになったといわれるが、にわかには信じられない話である。

【スプリング・リヴァーブ】spring reverb〔電気〕
冬と夏の間の残響のこと。

【ザ・スペシャルズ】The Specials〔バンド〕
英国コヴェントリー出身の2トーン・シーンを代表するスカバンド。2トーンであるのでカラーテレビ番組への出演は拒否したと伝えられる。

【SMAP】スマップ〔グループ〕

世界最長寿の男性アイドルグループ。男性アイドルとは何かという哲学的な問いに挑み続けたが2016年解散。

【ザ・スミス】The Smiths〔バンド〕

ジャケット写真が全部他人なので本当の姿を見るためにライヴに足を運ばせるという商法を編み出したイギリスのバンド。

【スムーズジャズ】smooth jazz〔ジャンル〕

アルバート・アイラーあたりのジャズマンの視点から見ると、他のすべてのジャズはスムーズジャズである。

【スモーキー・ロビンソン】William "Smokey" Robinson, Jr.(1940–)〔人物〕

唄うモータウン副社長。社長は元プロボクサーである。

【スモール・フェイセス】Small Faces〔バンド〕

イギリスでは圧倒的な人気があったのに、途中から入ってきたイアン・マクレガンが大麻事犯でアメリカ入国ができなかったために、アメリカでブレイクできずに解散したモッズ・バンド。

【スライ&ザ・ファミリー・ストーン】Sly & The Family Stone〔バンド〕

サンフランシスコの人気DJが兄弟姉妹たちと結成したバンド。天才ドラマーがいるのにリズムボックスを使ったり、天才ベーシストがいるのに銃で脅したり、ステージ上で結婚式をしたり、すっぽかしたりして、コカインの吸い過ぎで空中分解したが、その後ときどき復活している。

【スライド・ギター】slide guitar〔奏法〕

瓶のクビや金属の筒の上をギターを滑らせて発音する奏法のこと。

【スラッシュ】Saul Hudson(1965–)〔人物〕

父親がニール・ヤングのプロデューサーで母親が

デヴィッド・ボウイの愛人という、ロック界のサラブレッドである。威嚇的《いかくてき》な風貌に似合わず、優しい人柄であることが知られている。それはガンズ・アンド・ローゼズ初来日のNHKホール公演で、他のメンバーがステージ・ボイコットしたのに、スラッシュが1人だけ出てきてファンサービスしたのを筆者は目撃しているので確かである。

【スラッシュメタル】thrash metal〔ジャンル〕
「速さ」が価値観の中心に位置する音楽。曲も1秒くらいで終わり、単独コンサートでも30秒くらいで終了してしまうので高いチケットを払った観客には不評である。

【ザ・スリー・ディグリーズ】The Three Degrees〔グループ〕
陰毛を露出したアルバムジャケットで、本国アメリカより日本で人気のあったフィリー・ソウルの女性ボーカル・トリオ。日本には移住しなかったのでヒガシマルうどんスープのCMには出演しなかったが、シャープのテレビCMに出演した。「カックラキン大放送!!」にも出てたような気がする。

【スリッツ】The Slits〔バンド〕
豊満な肉体に泥を塗りたくったジャケットで人気が出た女性トリオバンド。このグループもヒガシマルうどんスープとは関係がない。

【スレイヤー】SLAYER〔バンド〕
「超高速ツーバス」と「高速ツアーバス」は似ているね。

【スローバラード】slow barrad〔ジャンル〕
「スロー」バラードがあるのだから、超高速スラッシュ・バラードなどもあってしかるべきである。

【スローバラード】すろーばらーど〔楽曲〕
RCサクセションの曲。車中泊ブームに火をつけたといわれる。

【スワンプロック】swamp rock〔ジャンル〕
「スワンプ」はアメリカ深南部に広がる湿地帯のこと。深南部発祥もしくはそれを髣髴《ほうふつ》させるロックのこと。とうもろこしを口で咥《くわ》えて鰐《わに》と格闘しながら聴くと最高である。

【せ】

【聖歌隊】せいか‐たい〔一般〕
牧師や神父が舌なめずりをする対象。

【聖飢魔II】せいきまつ〔バンド〕
この本よりWikipediaの記述のほうが何十倍も面白いのでそちらを参照されたし。

【青春パンク】せいしゅん‐ぱんく〔ジャンル〕
にきび、オナニー、2時間目に弁当を食う、みたいな歌詞ばかりで破綻した状態のこと。

【星条旗よ永遠なれ】せいじょうき‐よ‐えいえんなれ〔楽曲〕
たかだか建国240年の新興国の無謀な希望である。正常位なら永遠である。

【セイレーン】Siren〔神話〕
ギリシア神話に出てくる海の怪物、上半身はレディー・ガガ、下半身は公認会計士という姿をしている。美しい歌声でナパーム・デスの曲を歌い、船乗りたちを惑わし船を沈没させるというから、東京海上日動火災のエージェントではないかともいわれている。

【セカンド・ライン】second line〔音楽〕
2本目に引かれたコカイン。

【セックス・ピストルズ】Sex Pistols〔バンド〕
インテリ風味のおしゃれモッズ・バンド。きんきらファッション・ブランドのヴィヴィアン・ウエストウッドのステージ衣装を纏《まと》うなどスノッブのきわみである。

【セッション】session〔一般〕

→**【ジャムセッション】**

【絶対音感】ぜったい-おんかん〔理論〕

どんなに外れていようが「この音はFだ」と言い張ること。他人の忠告やチューニングメーターの表示などに惑わされない絶対的な主観のこと。

【セツナ系】せつな-けい〔一般〕

抑鬱《よくうつ》傾向の者の巣窟である。

【セミ・アコースティック・ギター】semi acoustic guitar〔楽器〕

琵琶《びわ》に飽きた蟬丸《せみまる》法師が入手した楽器。

【セルジオ・メンデス】Sérgio Santos Mendes (1941-)〔人物〕

ブラジルの平田隆夫。

【セルジュ・ゲンズブール】Serge Gainsbourg (1928-1991)〔人物〕

世の女性に「嫌いな男性のタイプは?」と訊くと99%が「不潔なひと」と答える。セルジュ・ゲンズブールは2年くらい風呂に入らず、アルバート・アインシュタインみたいな髪形になって、ぼろぼろの服を着ていたのに、ブリジッド・バルドー、アンナ・カリーナ、ジェーン・バーキン、バンブーと絶世の美女に惚れられた。矛盾である。

【セルビアの音楽】せるびあ-の-おんがく〔ジャンル〕

『セビリアの理髪師』と混同してはいけない。政治的に複雑なセルビア周辺はユーロヴィジョンでいつも揉める。

【セロニアス・モンク】Thelonious Sphere Monk (1917–1982)〔人物〕

「ラ#、ソ#、ファ#、ミ、レ、ド、」、これを高速で弾いてごらん。

【戦場のメリークリスマス】Merry Christmas, Mr. Lawrence〔映画〕

大ヒットした主題歌がカラオケボックスにないのは謎である。

【センチメンタル・シティ・ロマンス】SENTIMENTAL CITY ROMANCE〔バンド〕

はっぴいえんど〜ティン・パン・アレー一派の名古屋支部。

【そ】

【騒音】そう‐おん〔一般〕

音楽の歴史とは騒音苦情の歴史である。

【相対音感】そうたい‐おんかん〔一般〕

絶対音感のないひとを慰める場面でしか使われるのを聞いたことがない言葉。

【ソウルジャズ】seoul jazz〔ジャンル〕

韓国の首都で演奏されるジャズ。

【ソウル・トレイン】Soul Train〔番組〕

韓国の首都圏の鉄道の車窓を紹介するテレビ番組。

【ソウル・フラワー・ユニオン】Soul Flower Union〔バンド〕

生花業組合というくらいだから左翼的である。

【ソウル・ミュージック】soul music〔ジャンル〕

石野卓球が絶対に聴かない音楽。

【ソカ】soca〔ジャンル〕

そうだ。

【ソナタ】sonata〔ジャンル〕
話し手から遠い場所・方向などを示す。そちら。そっち。

【ソニック・ユース】Sonic Youth〔バンド〕
オルタナティヴ・ロック界の神的カリスマだが、昨今では熟年不倫離婚界の神的カリスマとして著名である。

【ソニー・ロリンズ】Theodore Walter "Sonny" Rollins (1930–)〔人物〕
50年代から一貫して引退→復活→引退→復活→引退と「洋服の青山」商法を駆使する、モダンジャズ界の偉大なテナー・サックス奏者。

【ソフト・マシーン】Soft Machine〔バンド〕
→【メンバーチェンジを繰り返し過ぎてついにオリジナルメンバーがいなくなったバンド】

【ソフトロック】soft rock〔ジャンル〕
パンテラやアタリ・ティーンエイジ・ライオットの立場から見たすべてのロックの総称。

【ソプラノ】soprano〔一般〕
演説中のオバマ大統領の耳に舌を入れると豊かなバリトンヴォイスが一転、この音域になる。

【ソロ】solo〔一般〕
バンドの他のメンバーに愛想をつかされて、ステージに1人残されたメンバーが行う行為。

【ソロ・アルバム】solo album〔一般〕
印税分配の不公平に耐えられなくなったメンバーが製作するアルバム。

【ソロモン・バーク】Solomon Burke (1940–2010)〔人物〕
オーティス・レディング出現以前のソウル界最大のスター。オーティス・レディングに追い落とされたが、葬儀屋を経営し大成功した。オーティス・レディングは墜落した飛行機の機内で死亡したが、ソロモン・バークは正常に着陸した飛行機の機内で死亡した。

【ソン】son〔ジャンル〕

谷岡ヤスジ語で「村」の意。

【ザ・ゾンビーズ】The Zombies〔バンド〕

イギリスのお坊ちゃんバンド。不運が重なり、最後のシングル『ふたりのシーズン』がヒットしている頃には、メンバーが散り散りになり、ロッド・アージェントとクリス・ホワイトだけのレコーディング・バンドとして形骸化していた。まさにゾンビである。

【た】

【ダイアー・ストレイツ】Dire Straits〔バンド〕

若い女の子には無視されて中年男どもが熱狂したバンド。ペラペラのストラトキャスターの音色と、ディラン／ルー・リード唱法のマーク・ノップラーは盛りを過ぎた60年代の生き残りミュージシャンたちのアイドルであった。

【ダイアナ・ロス】Diane Ernestine Earle Ross (1944-)〔人物〕

→**【マキャヴェリズム】**

【対位法】たいい‐ほう〔一般〕

1人が『サティスファクション』のリフを弾き、もう1人が『ポパイ・ザ・セーラーマン』のリフを弾くこと。

【ザ・タイガース】ざ‐たいがーす〔バンド〕

京都のGSバンド。日本で一番人気があったが、解散後ボーカリストは原子爆弾で日本政府を脅し、タンバリン担当の背の高いメンバーは甲羅《こうら》を背負って天竺《てんじく》へ向かった。

【大正琴】たいしょう‐ごと〔一般〕
血で血を洗う大正琴の流派争いはまだまだ無政府状態で、どこが覇権《はけん》を握るのかまったく見当が付かない。覇権争いにはヤマハ、鈴木楽器、ゼンオンなどの超大国が介入しており泥沼である。

【題名のない音楽会】だいめい‐の‐ない‐おんがくかい〔音楽番組〕
あるじゃんかよお。

【代理コード】だいり‐こーど〔理論〕
単純なコード進行をわざとややこしくして聴衆を煙にまくスノッブしぐさ。素直になれ素直に。なお代理コード、頂上コード、完結コード、広島死闘コードがある。

【ダウン・タウン・ブギウギ・バンド】だうん‐たうん‐ぶぎうぎ‐ばんど〔バンド〕
下層階級出身の矢沢永吉はスノッブ路線のキャロルで成功し、上流階級出身の宇崎竜童は大衆路線のダウン・タウン・ブギウギ・バンドで成功した。よくある話である。

【高橋幸宏】たかはし‐ゆきひろ（1952–）〔人物〕
上流階級出身でスノッブ路線で成功した。これもよくある話である。

【ダークコア】darkcore〔ジャンル〕
もういいよ、ダークでコアなんだろ。

【タジ・マハール】Henry Saint Clair Fredericks（1942–）〔人物〕
ブルーズ・ルーツの多彩な音楽を演奏する黒人ヒッピー・ミュージシャン。インドに自分の名前を冠した巨大な廟《びょう》を建てた。

【多重録音】たじゅう‐ろくおん〔一般〕
レコーディングが終わった後に、気に食わないメンバーの演奏だけを消すことができる！　世紀の発明であった。

【ダスティ・スプリングフィールド】Dusty Springfield
(1939–1999)〔人物〕
→【ゲイ・アイコン】

【タップダンス】tap dance〔一般〕
タップダンサーが踊る床に強力な電磁石を仕込み、スイッチを入れて直立不動で動けなくする遊びは面白いが、やってはいけない。

【t.A.T.u.】タトゥー〔グループ〕
日本人が異常に憎む、ロシアのファッションレズビアン女性デュオ。

【田中角栄】たなか‐かくえい(1918–1993)〔人物〕
田中角栄は岸内閣で郵政大臣をやってた頃、ライヴで「♪賭場に小判の雨が降るゥウウ」と唸り、「現役の大臣がギャンブル礼賛の歌を唄うとはナニゴトか」と大問題になった。浪曲アルバム『花咲けど風雨強し』（１９７２年発売）がある。

【谷啓】たに‐けい(1932–2010)〔人物〕
ジャズ・トロンボーン奏者として日本で屈指の存在だが、最大の功績は、なんといっても「ド近眼を表現するためにめがねに渦巻き模様を描いた」ことである。

【ダニー・ハサウェイ】Donny Hathaway (1945–1979)〔人物〕
ニューソウルの世界で類《たぐい》まれな才能を発揮した不世出の黒人音楽家。本職はクラシック音楽であり、ソウル業はほんの片手間である、との天才ぶりを聞いて、絶望するミュージシャン志望者は後を絶たないが、「スティーヴィー・ワンダー」よりおれのほうが才能があるのに、レコード売り上げがスティーヴィー・ワンダーの足元にも及ばないのは、白人どもがおれの脳に電極を刺して音楽を盗んでいるからだ〜!」と絶望して自殺したのはダニー本人のほうである。

【たのきんトリオ】たのきん-とりお〔グループ〕

テレビ番組「3年B組金八先生」に出演した3人組のこと。金八先生の元ネタ映画『いつも心に太陽を』に出演したルル、ジュディ・ギースン、マイケル・デ・バレスがグループを結成するようなものである。

【田端義夫】たばた-よしお(1919-2013)〔人物〕

ジョン・レノンやジェリー・マースデンとギターを構える高さを競い合った日本の歌手。ラスベガスのバクチで大儲けしたので晩年は悠々自適だった。

【タヒチ80】Tahiti80〔バンド〕

日本で非常に人気のあるフランスのポップ・グループ。ヒガシマルうどんスープ候補である。

【ダブ】dub〔ジャンル〕

著作権という概念やアーティストの権利などが微《み》塵《じん》もない、ジャマイカでこそ発達したジャンルである。

【ダブ・ステップ】dub step〔ジャンル〕

「ダブ・ステップってどんなの?」
「2ステップが進化したものだよ」
「2ステップって?」
「UKガラージュの一種だよ」
「UKガラージュって?」
〜中略〜
「つまりジェームズ・ブラウンがルーツってこと?」
「まあそうだね」

【ダブ・プレート】dub plate〔一般〕

レストランやカフェの注文ミスで2皿出てくること。

【タブラ】tabla〔楽器〕

皮は山羊《やぎ》の皮を使用する。山羊の頭はザ・ローリング・ストーンズのレコードに使用された。

【タブラチュア】tablature〔楽譜〕
タブラ用の楽譜だが、なぜかギターの弦を模した表に記譜される、読みづらいことこの上ない。だれだこんなものを発明したのは。

【ダブル・ネック】double neck〔楽器〕
棹《さお》が2本あるギターのこと。ストッキングを干すために開発された。

【ダブル・ベース】double bass〔楽器〕
1、ベーシストが2人いる状態。 2、ベーシストが二重人格者である状態。

【ダブル・リード】double reed〔楽器〕
二枚舌のこと。ひとに嫌われる。

【ターボ・フォーク】turbo folk〔ジャンル〕
ターボチャージャーを装着したフォークソングのこと。口の中が血だらけになりそうである。

【たま】たま〔バンド〕
日本のマンゴ・ジェリー。

【タムタム】tom-tom〔楽器〕
ファッションセンスの悪いドラマーのダサいTシャツを観客の目から隠すために発明された楽器。

【ザ・ダムド】The Damned〔バンド〕
ロンドンパンクの草分け的存在であるが、そのパンク・シーンそのものを揶揄《やゆ》しているような姿勢があり、好感が持てるバンドである。

【タラス】Talas〔バンド〕
超絶技巧ベーシスト、ビリー・シーンが在籍していたハードロック・バンド。このバンドのレコードを全身に塗りたくる美容健康法がタラソセラピーである。

【ダラー・ブランド】Dollar Brand (1934-)〔人物〕

南アフリカのピアニスト。１９６９年に発表した『アフリカン・ピアノ』が大ヒットし、日本中のジャズ喫茶で連日リクエストが殺到したので「ダラー・ブランド禁止」を売りにしたジャズ喫茶が出現したほどである。怒ったブランドはアブドゥーラ・イブラヒムに改名した。

【ダリル・ホール&ジョン・オーツ】Daryl Hall & John Oates〔グループ〕

ライヴエイドの時はミック・ジャガー、デヴィッド・ボウイ、ティナ・ターナーのバック・バンドに甘んじてたが、「ベストヒットＵＳＡ」への出演回数は他のどのアーティストよりも多い。

【タワー・オブ・パワー】Tower Of Power〔バンド〕

エミリオ・カスティーヨ（テナーサックス）、ステファン・〝ドク〟・クプカ（バリトンサックス）、フランシス・〝ロッコ〟・プレスティア（ベース）、デヴィッド・ガリバルディ（ドラムス）、ロジャー・スミス（キーボード）、サル・クラキオーロ（トランペット、トロンボーン）、アドルフォ・アコスタ（トランペット）、ラリー・ブラッグス（ボーカル）、トム・ポリッツァー（テナーサックス）、ジェリー・コルテス（ギター）、ルーファス・ミラー（ボーカル）、リック・スティーブンス（ボーカル）、レニー・ウイリアムズ（ボーカル）、エドワード・マクギー（ボーカル）、マイケル・ジェフリーズ（ボーカル）、エリス・ホール（ボーカル、キーボード、ギター）、トム・ボウズ（ボーカル）、ブレント・カーター（ボーカル）、ヒューバート・タブス（ボーカル）、マイケル・ボガート（トランペット、トロンボーン）、ミック・ジレット（トランペット、トロンボーン）、グレッグ・アダムス（トランペット）、リック・ワイチェスコ（トランペット）、デヴィッド・パドロン（トランペット）、リー・ソーンバーグ（トランペット）、ビル・チャーチヴィル（トランペット）、バリー・ダニエリアン（トランペット）、ジェシー・マクガイア（トランペット）、スキップ・メスキート（サクソフォン)、リチャード・エリオット(サクソフォン)、レニー・ピケット(サクソフォン)、デヴィッド・マン(サクソフォン)、ジョン・スカプーラ(サクソフォン)、ノーバート・スタッチェル(サクソフォン)、ブランダン・フィールズ(サクソフォン)、チェスター・トンプソン(オルガン)、ニック・マイロ(キーボード)、ボビー・スピアーズ(キーボード)、ウィリー・フルトン(ギター)、ブルース・コンテ(ギター)、ダニー・ホーファー(ギター)、カーメン・グリロ(ギター)、ジェフ・タミリアー(ギター)、マーク・ハーパー(ギター)、ヴィクター・コンテ(ベース)、ヴィト・サン・フィリッポ(ベース)、デヴィッド・バートレット(ドラムス)、ロニー・ベック(ドラムス)、マーク・サンダース(ドラムス)、ミック・メステック(ドラムス)、ラス・マッキノン(ドラムス)、ハーマン・マシューズ(ドラムス)、が在籍していたファンク・バンド。カリフォルニア州オークランドのバンドであるが、これだけメンバーが多いともはやオークランド市民バンドである。メンバーの名前を全員言えるメンバーはいるのだろうか? 同時に在籍していても互いに会話したことがない、というメンバーもいたはずである。

【タンゴ】tango〔ジャンル〕

京都府の日本海側、天橋立《あまのはしだて》があるあたりで発達した音楽とダンス。

【タンジェリン・ドリーム】Tangerine Dream〔バンド〕

巨大なモジュラーシンセを全世界中に運搬させてローディーをいじめ抜いたドイツのバンド。

【ダンスホール・レゲエ】dancehall reggae〔ジャンル〕

ジャマイカ島というパラレルワールドのヒップホップミュージック。

【ダンス・ミュージック】dance music〔ジャンル〕

踊れさえすれば『君が代』だろうが「声明」だろうがすべてダンス・ミュージックである。

【ターンテーブル】turn table〔機械〕
駐車場などで自動車の方向転換をするための回転する台。これを操作する係員を「ターンテーブリスト」という。

【ダンドゥット】dangdut〔ジャンル〕
インドネシアの歌謡曲。ものすごく広大なジャンルなので、インドネシアのレコード屋に行って「ダンドゥットください」と言うと店員は困り果てて泣き出す。実話である。

【タンバリン】tambourine〔楽器〕
単純な楽器のイメージがあるが、バンドの中で綺麗に鳴らそうと思うと相当の修練が必要になる。ジョン・レノンはビートルズ末期に「お前のタンバリンがひどいせいでおれの人生台無しだ」と逆上して、これがビートルズ解散の一因になったほどである。実話である。

【ち】

【チェイン・ギャング・ソング】chain gang songs〔ジャンル〕
鎖で繋がれた囚人たちの労働歌。脱走に成功したら次は『ランナウェイ』を唄うのである。

【チェット・ベイカー】Chesney Henry Baker, Jr. (1929–1988)〔人物〕
国士舘大学の応援団に入れて性根を叩き直してもらいたいような、なよなよした声で唄う、人気トランペッター。

【チェレスタ】celesta〔楽器〕

NHKラジオ第二放送終了時の曲で奏でられる楽器。地球にか弱い動物たちとともに独りだけ取り残されて、あとは死を待つのみという心境にさせられる音色である。

【チェロ】cello〔楽器〕

ジャイアント馬場用のヴァイオリン。

【チェンバロ】cembalo〔楽器〕

アコースティック・クラヴィネットのこと。

【チップチューン】chiptune〔ジャンル〕

ナムコ『ニューラリーX』のような世界一ファンキーな音楽を創出したジャンル。

【知名定男】ちな‐さだお（1945‐）〔人物〕

天才子役→密航→天才少年→実業家の腹心→運転手→板前→大ヒット歌手→クラブ経営→ミュージカル興行→負債数千万→ネーネーズのプロデュースで大当たり→民謡の大御所。その間常にモテまくりで羨ましすぎる人生を送っている沖縄の巨人。

【チャイナ・シンバル】china cymbal〔楽器〕

普通のライド・シンバルを裏返し「チャイナ・シンバルだ」と言い張るドラマーがいた。

【CHAGE and ASKA】ちゃげ‐あんど‐あすか〔グループ〕

中国ではチャゲアスの海賊版カセットテープが4億本流通しているそうだ。地球上でもっとも聴かれた音楽はビートルズでもマイケル・ジャクソンでもなくチャゲアスなのである。

【チャチャ】chacha〔ジャンル〕

「優れた格闘家は優れたダンサーでもある」by梶原一騎。実際に李小龍（ブルース・リー）は格闘家以前にチャチャダンスのチャンピオンとして世に出たのだ。

【チャック・ベリー】Charles Edward Anderson Berry（1926‐）

ち

〔人物〕

マネージャーを雇わず、専属のバック・バンドを雇わず、移動は独りで行い、出演直前にギャラを現金で受け取り、楽屋でチャイナドレスの女にフエラチオさせながらチキンサンドを頬張り、初顔合わせのバック・バンドに一瞥《いちべつ》もくれずに、おもむろに『ジョニー・B・グッド』のイントロを弾き始める、ロックンロールの神的カリスマ。

【チャック・レイニー】Charles Walter Rainey III (1940–)〔人物〕

世界一仕事量が多くギャラも高いベーシスト。ビル・ゲイツ並みに稼いだはずである。

【チャマメ】chamamé〔ジャンル〕

アルゼンチンのメソポタミア地方で、イエズス会伝道団によって始められ、ロシアに移民したドイツ人によって伝えられたが、グアラニー族に襲撃を受け、その後スペイン人がもたらしたギターによって発展したフォルクローレ。世界史と地理学の坩堝《るつぼ》のような音楽である。

【チャーリー・クリスチャン】Charlie Christian (1916–1942)〔人物〕

モダンジャズ界の坂本龍馬のような伝説的ギタリスト。

【チャーリー・セクストン】Charlie Sexton (1968–)〔人物〕

弱冠17歳でスター・プレイヤーとしてセンセーショナルにデビューし、キース・リチャーズなどから絶賛された。当時の広告文には「ジミ・ヘンドリックスも絶賛」と書いてある。ヘンドリックス死去はチャーリー・セクストン2歳の時であるからその神童ぶりがわかるというものである。

【チャーリー・パーカー】Charlie Parker, Jr. (1920–1955)〔人物〕

若き日のマイルス・デイヴィスにタカリ、麻薬と女とジャズの極意を教えた、アルトサックスを持った不良の神様。精神病院に入退院を繰り返し、

ち

あいまに活動するという創作スタイルは草間彌生《やよい》に影響を与えた。

【チャーリー・ワッツ】Charles Robert "Charlie" Watts (1941-)〔人物〕

まだ学生だったミック・ジャガーやなんだかよくわからんチンピラのキース・リチャーズから見れば、広告代理店に勤め、ジャズバンドでドラムを叩き、イラストを描き、彫刻家の美人の彼女がいるというブレイン・ドレインのチャーリー・ワッツは憧れの的であった。もちろんいまでもチャーリー・ワッツに対しては2人とも敬語である。

【チャールズ・ミンガス】Charles Mingus (1922-1979)〔人物〕

ジャズ・ベーシストで最初に直立で歩行したといわれる人物。

【チャンプルーズ】ちゃんぷるーず〔バンド〕

→【喜納昌吉】

【チューニング】tuning〔一般〕

楽器同士のピッチを合わせる作業。ベースがギターの音域に合わせようとすると弦の張力でペグははじけ飛びネックは折れ、演奏者や周囲の人間は大怪我を負うのでほどほどが肝要である。

【チューバ】tuba〔楽器〕

低音の出る大型の金管楽器。あまりに大きいので演奏者は管の内部に隠れることができる。

【TUBE】ちゅーぶ〔バンド〕

夏にだけ演奏するバンド。冬虫夏奏と呼ばれ、冬は虫の姿らしい。

【チューブラー・ベルズ】Tubular Bells〔アルバム〕

マイク・オールドフィールドが1973年に発表したアルバム。これを聴くと悪霊がとり憑いて首がぐるぐる廻り、悪魔払いを呼ぶ羽目になるので注意。

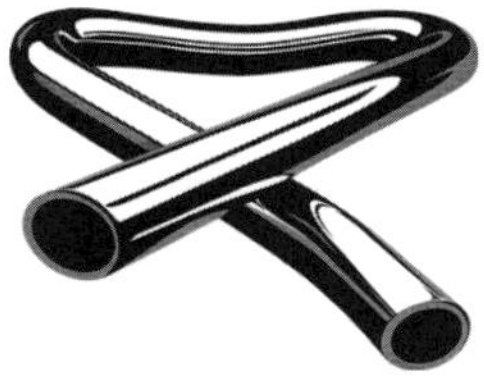

【チョーキング】choking〔奏法〕

→**【和製英語の一覧】**

【チョーキング・ヴィブラート】choking vibrato〔奏法〕

→**【和製英語の一覧】**

【著作権】ちょさく-けん〔法律〕

ジャマイカにはこれがなかったのでリミックスやダブが発明された。著作権こそ音楽の発展を阻害する最大の要因である。

【チョッパー】chopper〔奏法〕

→**【和製英語の一覧】**

【チョップド・アンド・スクリュード】chopped and screwed〔ジャンル〕

テキサス州で考案されたレコードの回転数を落としてＭＩＸするＤＪ技法。回転数を半分に落とすとレコードの量を半分に減らせられ経済的であるので不況下に流行した。

【チル・アウト】chill out〔ジャンル〕

騒音苦情の通報で警察が来た時に、ＤＪがとっさに掛ける音楽。

【チル・ウェイヴ】chill wave〔ジャンル〕

冷たい波。北ヨーロッパのビーチパーティで海に飛び込んだダンサーが語源。

【つ】

【ツアー】tour〔一般〕

♪ギャラよ～り、た～かい、交通費～。by 高田渡。

【ツイスト】twist〔ダンス〕

足で地面に落ちた煙草をもみ消すしぐさを男女向かい合わせで一晩中やるダンス。

【ツイン・ドラム】twin drums〔一般〕

ローディーを困らせるために考案された合奏形態。

【ツイン・バス】twin baths〔一般〕

浴槽が二つある状態。高温と冷水、電気風呂とハーブ湯など組み合わせはさまざまである。

【ツイン・リード】twin lead〔奏法〕

→【二枚舌】

【ツー・ステップ】two step〔ジャンル〕

1ステップを超えて3ステップに至る間の段階である。

【ツー・ステップ・ガラージ】two step garage〔ジャンル〕

大阪では2ステップ・モータープールと呼ばれる。

【鼓】つづみ〔楽器〕

能の鼓には150年寝かせた馬の胎児の皮を用いる。これ以外の皮を用いようものなら、一打しただけでブーイングである。されば150年モノの馬の胎児の皮はどこで入手できるのかと調べると、これは能の鼓の家が独占しているとのことである。

【筒美京平】つつみ－きょうへい（1940－）〔人物〕

日本の国民的作曲家で音楽室の壁に写真が張り出されるのも時間の問題であるが、どんな顔をしているのか国民はだれも知らない。

【ツー・トーン】two tone〔ジャンル〕

全色盲のイギリス人たちが始めたスカ・リバイバル・ムーヴメント。またはそれを主導したレーベルのこと。

【つのだ☆ひろ】角田 博民（1949-）〔人物〕

名前の☆は「自ら光を発し、その質量がもたらす重力による収縮に反する圧力を内部に持ち支える、ガス体の天体」を表している。天文学者ではなくドラマーである。

【ツー・ファイヴ】two five〔一般〕

Keyが C の場合、Dm7→G7がツー・ファイヴ進行。代理和音を用いればどんな複雑なコード進行もこれに分解できるのである。そしてツー・ファイヴ進行のコードの上ではどんなスケールも乗せることができるのである。しかしこれでは結局何を吹いてもOKということにもなる。モダンジャズのジレンマと衰退の原因がここにある。

【ツー・フィンガー奏法】つー-ふぃんがー-そうほう〔奏法〕

3回しくじったヤクザがギターやベースを弾く時に使われる奏法のこと。

【て】

【ティアーズ・フォー・フィアーズ】Tears for Fears〔グループ〕

ワム！　の天敵である。

【TR808】ティーアールハチマルハチ〔楽器〕

ホモの喜ぶ音がたくさん入っているリズム・マシーン。

【TR909】ティーアールキュウマルキュウ〔楽器〕

ホモの喜ぶ音がたくさん入っているリズム・マシーン。

【ディーヴォ】Devo〔バンド〕

「人類は退化動物である」というコンセプトのもとに1974年オハイオ州で結成され、最初は2人組だったが、のちにメンバーを加え、大便型のヘルメットやさまざまなアイテムを加え、進化し続けたバンド。

【デイヴ・デイヴィス】David Russell Gordon Davies (1947–)〔人物〕

キンクスのギタリスト。悪ガキ然とした風貌とコミカルなアクションが特徴である。初渡米の時は生放送中に司会者を平手打ちし、以後5年間アメリカに行けなくなった、という輝かしい戦勲がある。

【TM NETWORK】てぃー‐えむ‐ねっとわーく〔バンド〕

小室哲哉が30億円くらいのシンセサイザーを弾いていたバンド。

【TLC】ティー・エル・シー〔グループ〕

90年代のザ・シュープリームス。大ヒット連発してトウが立ってきた頃に、メンバーが事故死して、その伝説をネタにその後20年活動し続けられるようになった。

【ディオンヌ・ワーウィック】Dionne Warwick (1940–)〔人物〕

「ボサノヴァはバート・バカラック先生が発明なさったのよ！」と叫んでいるうちに、会計士のミスで1000万ドルの負債を抱え自己破産。来日公演の際は必ず西城秀樹がステージに上がるが、その理由は謎とされる。

【ディキシーランドジャズ】dixieland jazz〔ジャンル〕

♪オウ　ウェンザ　セーインツ　ゴウ　マーチイン　オウ　ウェンザ　セインツ　ゴウ　マーチイン！　オウ　ロード　アワナ　ビー　イン　ザッ　ナンバ～！　ウェンザ　セインツ　ゴウ　マーチーイン！♪

【ディスカウント・チケット】でぃすかうんと－ちけっと〔商業〕
前売りがぜんぜん売れない時に苦肉の策で出される関係者専用の割引チケット。出演者は割引で全員に来てほしいのだが、公言することは正規料金の客に失礼になるので口が裂けても言えない。ジレンマである。

【ディスコ】disco〔一般〕
トイレでコカインとセックスをする施設。つげ義春は寄り付かない。

【ディストーション】distortion〔電気〕
ファズ、オーバードライヴとともに歪み3兄弟を形成する。最近クランチという新メンバーが加入した。

【TB303】ティービーサンマルサン〔楽器〕
ローランド社の技術部がベースギターの代用として世に送り出した電子楽器だが、だれもベースとして使用せず、ビキビキビキビキビキビキビキビキビキと麻薬音楽に使用するので技術部のひとは怒って、絶対に復刻してやらないという姿勢を見せ、世界中のテクノ・ミュージシャンと敵対中である。

【ディープハウス】deep house〔ジャンル〕
分数コードのローズピアノとドリアンスケールで構成された音数の少ないハウス。まあ麻薬の音楽である。

【ディープ・パープル】Deep Purple〔バンド〕
リッチー・ブラックモアに翻弄され続けているように見えるが、英国ロック界屈指のプロ集団であるので、実際は逆かもしれない。

【ディープ・フォレスト】Deep Forest〔グループ〕
世界中の民族音楽を無断でサンプリングし、第三世界から搾取《さくしゅ》する資本主義の権化のようにいわれているが、実際は先住民の方々に「著作権」とい

て

う概念を教えることに成功したフランスのテクノ・ユニットである。

【ディミニッシュ・セブンス・コード】diminished seventh chord〔楽典〕

7thといっても実際は6度の音であり、この不条理に発狂して精神科病院に隔離されたり自殺したりするミュージシャンが絶えない。

【ディー・ライト】Deee-Lite〔バンド〕

テイ・トーワが参加していたニューヨーク・クラブ・シーンのドリカムみたいなバンド。ブーツィー・コリンズを加えた編成で来日した時、テイ・トーワはやることがなくビデオカメラ担当であった。

【T・レックス】ティラノザウルス・レックス〔バンド〕

デュオ形態の初期は頭脳警察、バンド形態の後期はマルコシアスバンプの真似であった、英国のグラム・バンド。

→【マーク・ボラン】

【ザ・ディランⅡ】ざ-でぃらん-せかんど〔グループ〕

反禁煙ファシズム運動のアンセム『プカプカ』を大ヒットさせた、大阪のアコースティック・グループ。

【ディレイ・マシン】delay machine〔電気〕

「遅れた機械」のこと。21世紀に真空管アンプを使用することなどを指して言う。

【ティンパニー】timpani〔楽器〕

オーケストラで場所を占領するわりに出番が少ないので、打面は楽団員の弁当や飲み物を置くのに使用される。物販ブースやコカイン吸引の台として使用されることもある。

【ティンバレス】timbales〔楽器〕

カンカンと非常に甲高い音がする打楽器。ラテン音楽のコンサートで、最前列で寝ている観客を叩

て

き起こすために用いられる。

【ティン・パン・アレー】Tin Pan Alley〔一般〕
マンハッタン28丁目にあった、楽譜屋や音楽出版社の集まった一画。またはそこで作られるような商業音楽を指して言う。ちなみにブリル・ビルディングは49丁目である。混同しないようになれば、あなたも大瀧詠一に一歩近づいたことになる。

【デヴィッド・ギルモア】David Jon Gilmour, CBE (1946–)〔人物〕
ピンク・フロイドに最も遅く加入したギタリスト。人柄が良いのを隠れ蓑《みの》にして、ロジャー・ウォーターズを追い出すクーデターに成功した。

【デヴィッド・クロスビー】David Van Cortlandt Crosby (1941–)〔人物〕
ハリウッドのおぼっちゃんだったが、わいせつ行為でハイスクールを放校されバーズに加入、ビートルズと友達になり、ＣＳＮ＆Ｙで巨万の富を得、コカイン購入のために薬局チェーンごと買収し、体重は３００キロを超えた。投獄され出所後原宿の歩行者天国に現れスティーヴン・スティルスと共にロックンローラー族を賞賛した。

【デヴィッド・ボウイ】David Robert Hayward-Jones (1947–2016)〔人物〕
モンキーズに加入しようとしたが同姓同名のメンバーがすでにいることを理由に加入を断られたために、火星へ行き、ジギー・スターダストと改名した。その後本名に戻ったが、すでにモンキーズは解散していたため、ティン・マシーンを結成、過去の楽曲をすべて葬り去った(よね?)。荘厳な遺作「★」を残し死去。全負け越し力士が号泣した。

【デヴィッド・リー・ロス】David Lee Roth (1954–)〔人物〕
ヴァン・ヘイレンを裏切ったボーカリスト。決して許してはならない。

【デオダート】Eumir Deodato de Almeida (1942-)〔**人物**〕
ワルター・ワンダレイの弟子でワルター・ワンダレイの1000倍くらい稼いだキーボーディスト／アレンジャー。

【デキシーズ・ミッドナイト・ランナーズ】Dexys Midnight Runners〔**バンド**〕
デキシーは覚醒剤「デキセドリン」より採られている。翻訳すれば「夜通し走り回っているシャブ中」の意味になる。

【テクノ】techno〔**ジャンル**〕
シカゴの黒人同性愛者が作っていた原始ハウスを、デトロイトのオタク学生たちが真似てテクノは誕生し、全世界で大ブームになった。

【テクノ歌謡】てくの‐かよう〔**ジャンル**〕
シカゴの黒人同性愛者が作っていた原始ハウスを、デトロイトのオタク学生たちが真似てテクノは誕生し、全世界で大ブームになる以前から日本にあった、伝統的な音楽ジャンル。

【テクノポップ】てくの‐ぽっぷ〔**ジャンル**〕
シカゴの黒人同性愛者が作っていた原始ハウスを、デトロイトのオタク学生たちが真似てテクノは誕生し、全世界で大ブームになる以前から世界中にあった、伝統的な音楽ジャンル。

【テクノメタル】てくの‐めたる〔**ジャンル**〕
なにやら『プロジェクトX〜めざせ技術立国』みたいな語感である。

【テクノ・ユニット】techno unit〔**一般**〕
音楽スタジオの個人練習システム（当日空きがあ

る場合だけ格安で予約できる。2人までを利用した音楽形態。

【デジタルハードコア】digital hardcore〔ジャンル〕
なにもかも「ゼロかイチか」で白黒つける姿勢を貫き通す姿勢のこと。

【デジタル・リマスタリング】digital remastering〔技術〕
ダ・ヴィンチやゴッホの絵にマジックでガシガシ輪郭線を描きこんで、「見やすくなった！」「迫力が増した！」「作品の真価が蘇った！」と喜ぶこと。

【デジタルロック】digital rock〔ジャンル〕
なにもかも「ゼロかイチか」で白黒つける姿勢を貫き通す姿勢のこと。

【デスメタル】death metal〔ジャンル〕
ヘヴィメタルはもう死んだと宣言すること。

【デスラッシュ】death lush〔ジャンル〕
朝の埼京線で生まれた音楽ジャンル。

【テックダンス】tech dance〔ジャンル〕
多摩テックで踊ること。

【テックトランス】tech trance〔ジャンル〕
多摩テックで憑依状態に陥ること。

【テックハウス】tech house〔ジャンル〕
多摩テックに家を建てること。

【デッド・オア・アライヴ】Dead or Alive〔バンド〕
故ピート・バーンズが原宿駅前のロックグッズ屋台村で店員たちにボコられているのを見たことがある。パンクスの天敵だったようだ。

【デッド・ヘッズ】dead heads〔一般〕
衣食住思想すべて揃ったグレイトフルデッドという名のショッピングモールに立て籠もった一群。みんな裕福なので消費だけで一生過ごせるのである。

【デトロイトテクノ】detroit techno〔ジャンル〕
日本のインテリ文化系学生が飛びつく音楽。

【デニス・ウィルソン】Dennis Carl Wilson (1944–1983)〔人物〕
ビーチ・ボーイズのメンバー中唯一のサーファーで、ビーチボーイの名にふさわしく溺死したＬＡの若大将。

【デニー・レイン】Brian Frederick Arthur Hines (1944–)〔人物〕
ポール・マッカートニーがスターリンだとすると、デニー・レインはエジョフである。

【デフ・レパード】Def Leppard〔バンド〕
隻腕《せきわん》のドラマーがいることで有名なイギリスのハードロックバンド。対抗するためには隻腕のギタリストを獲得せねばならないだろう。

【デペッシュ・モード】Depeche Mode〔バンド〕
→【ゲイ・アイコン】

【デボラ・ハリー】Deborah Ann Harry (1945–)〔人物〕
マドンナにキャラをのっとられた悲劇の歌姫。

【デモ・テープ】demo tape〔一般〕
電力を狂ったように使い、必死で録音したのに、だれにも聴かれずに捨てられるテープのこと。資源の無駄使いここにきわまれりである。

【デュアン・オールマン】Howard Duane Allman (1946–1971)〔人物〕
マジックマッシュルームを喰いまくり、スライド・ギターを弾きまくり、桃を積んだトラックにハーレー・ダヴィッドソンで特攻して死んだ。

【デューク・エリントン】Edward Kennedy "Duke" Ellington (1899–1974)〔人物〕

「A列車」とはどういう鉄道なのか？　という万人が抱く疑問に答えることなく死んだ「音楽の父」。

【デュラン・デュラン】Duran Duran〔バンド〕

「80年代」に興味のあるひとはこのバンドにだけ焦点を当てれば、おのずとすべてが俯瞰《ふかん》できるであろう。ジョン・テイラー、アンディ・テイラー、ロジャー・テイラーという同姓のメンバーが3人いるが、血縁関係はなく偶然である。ラモーンズとは似て非なるものである。

【テラーコア】terrorcore〔ジャンル〕

オランダで発生したおそろしげなハードコアテクノのこと。アーティストや観客は髑髏《どくろ》の頭部にサソリの胴体という格好をしており、クラブには大量の吸血コウモリが飛び交う。

【デラニー＆ボニー】Delaney & Bonnie〔バンド〕

一時はビートルズのメンバーやエリック・クラプトンがバック・バンドを務めるほどの権勢を誇ったが、いつのまにか消えた夫婦デュオ。妻のほうはエロいイイ女である。旦那もなかなかの偉丈《いじょう》夫《ふ》である。

【テリー・ボジオ】Terry John Bozzio (1950–)〔人物〕

ドラムショップ1軒分を超える量の超大量のドラムキットを一度に叩く。ストレイ・キャッツのドラムの100倍くらいセッティングが面倒そうで対バンや主催者から絶対に嫌がられていると思う。

【デリック・メイ】Derrick May (1963–)〔人物〕

東京道玄坂のロイヤルホストの店員に店内BGMについて「お前はこの音楽が好きなのか？」「好きでもないなら消せ」と詰め寄った非常識な黒人。

【デルタ・ブルーズ】delta blues〔ジャンル〕
ミシシッピー川の下流域で発達したブルーズの一形態。シンプルな楽曲ではあるが、その独特のニュアンスを表現するためには演奏者自ら、綿花畑から脱走したり、貨物列車にタダ乗りしたり、囚人農場で鎖につながれて労働しなければならない。

【テルミン】theremin〔楽器〕
ロシアで発明された手を触れずに演奏できる楽器。おしゃれなイメージが付きまとうため、スノッブたちが買い求めるが演奏が難しいので、たいてい部屋のインテリアになっている。

【テレヴィジョン】Television〔バンド〕
ラジオでも聴けるのは不思議なことである。

【テレックス】Telex〔バンド〕
ジャズマンがやってたベルギーのYMO。

【テン・イヤーズ・アフター】Ten Years After〔バンド〕
スイカを抱えてウッドストックのステージに立ったカリスマ・ギタリストのアルヴィン・リーの速弾きが、唯一のセールスポイントというブルーズロック・バンド。やがてもっと速く弾くギタリストに駆逐された。

【電気グルーヴ】でんき‐ぐるーゔ〔バンド〕
電気グルーヴのオールナイトニッポンの面白さがまったく伝わっていないヨーロッパでも人気があるとは不思議である。

【電子音楽】でんし‐おんがく〔バンド〕
トランジスタを1個でも使えばそれはクラシックだろうがハードコアだろうがすべて電子音楽である。

【10cc】テン・シー・シー〔バンド〕
超売れっ子作曲家と元アイドルと組み立て絵本作家とスタジオ・ミュージシャンが結成した「業界バンド」。業界の掟《おきて》を知り尽くした海千山千のメ

ンバーによる作戦は功を奏し全世界で大ヒットした。嬉しさのあまり4人の男はそれぞれ2・5ccずつ射精したと伝えられている。
↓【ギズモトロン】
↓【マインドベンダーズ】

【テンション】tension〔楽典〕
外れた音を出したミュージシャンが言い訳するときに用いられる単語。

【テンション・ノート】tension note〔楽典〕
和声の響きに緊張感を与える音のこと。具体的には督促や警察からの電話呼び出し音や、緊急地震速報などである。

【転調】てんちょう〔楽典〕
マーヴィン・ゲイ『ホワッツ・ゴーイン・オン』のスキャットが出てくるところを聴きなさい。

【ザ・テンプテーションズ】The Temptations〔グループ〕
185センチ以上の8頭身の男たちが入れ替わり立ち替わりしたモータウンを代表するコーラス・グループ。

【と】

【ドアーズ】The Doors〔バンド〕
おちんちんを出すトカゲ男を中心としたLAのお坊ちゃんバンド。

【トゥイステッド・シスター】Twisted Sister〔バンド〕
MTV時代のニューヨーク・ドールズ。

【東儀秀樹】とうぎ－ひでき（1959－）〔人物〕
和製ケニー・G。

【東京事変】とうきょう－じへん〔バンド〕
椎名林檎が菊池桃子&ラ・ムーに影響されて結成

したバンド。

【東京スカパラダイスオーケストラ】とうきょう‐すかぱらだいす‐おーけすとら〔バンド〕
メンバーが次々に死ぬ長寿バンド。

【東京ドーム】とうきょう‐どーむ〔施設〕
むかしはビッグエッグと言っていた。売店ではオロナミンCを紙コップに入れて出してくるのだが量といい色といいまるで検尿である。

【TOKYO NO.1 SOUL SET】トーキョー・ナンバーワン・ソウルセット〔バンド〕
日本の首都でNO・1になった韓国の首都のセット。

【トゥーツ・シールマンス】Jean-Baptiste Frédéric Isidore "Toots" Thielemans (1922–2016)〔人物〕
今世紀最高の偉大なハーモニカ奏者。彼の死を悼んで吉祥寺ハモニカ横丁は「クロマチックハモニカ横丁」と改称した。

【2パック】Tupac Amaru Shakur (1971–1996)〔人物〕
コカインを吸いながらビッチとファックしキャデラックで銃撃戦をしながら詩を書き唄い億万長者になり殺された。

【ドゥービー・ブラザーズ】The Doobie Brothers〔バンド〕
メンバーが多いうえに出入りも激しいので管理しきれなくなり、マイケル・マクドナルドに乗っ取られたバンド。

【ドゥームコア】doom core〔ジャンル〕
世界の破滅や、黙示録的なテーマを扱うハードコアの一群であるが、本当に黙示録的な世界が訪れたらバンド活動どころではないであろう。

【ドゥームメタル】doom metal〔ジャンル〕
世界の破滅や、黙示録的なテーマを扱うヘヴィメタルの一群であるが、本当に黙示録的な世界が訪れたらバンド活動どころではないであろう。

【童謡】どう-よう〔ジャンル〕
『ぞうさん』、『犬のおまわりさん』、『おもちゃのチャチャチャ』、『およげ！たいやきくん』、『山口さんちのツトム君』、『だんご3兄弟』など、このジャンルには破格のメガヒット曲が目白押しである。暴力団と結託した音楽出版社や著作権ゴロみたいな謎の連中が暗躍する魑魅魍魎《ちみもうりょう》の世界である。

【ドゥ・ワップ】doo-wop〔ジャンル〕
→**【シャネルズ】**

【トーキング・ドラム】talking drum〔楽器〕
ジャングル内で通信に用いられる音程を変化させられる太鼓。トゥン・トゥン・タンタタ・トゥントゥン・タンタタ（酋長が病気になった、至急呪術師を呼んでくれ）。トゥンタタ・トゥンタタ・トゥーン・トゥーンタタ（呪術師はクレジットカードを止められていて外出できない）。

【トーキング・ヘッズ】Talking Heads〔バンド〕
喋るのはたいてい頭である。
→**【手話】**

【トーキング・モジュレーター】talking modulator〔楽器〕
スピーカーを密閉した箱から出たチューブをくわえて演奏する。脳に異常な振動を与えるために、使用し過ぎると気が狂う、といわれた。ジェフ・ベックはそれで気が狂ったと噂された。

【ドクター・ジョン】Malcolm John Rebennack, Jr. (1940–)〔人物〕
気に食わぬものはブードゥーの呪いで殺すといわれているニューオーリンズの巨漢ミュージシャン。

【都倉俊一】とくら-しゅんいち (1948–)〔人物〕
筒美京平のライヴァルであるが、筒美をブードゥーの呪いで殺したりはしなかった。裕福な家庭で母親に溺愛《できあい》されて育ったお坊ちゃんだからほんとうに屈託がないのである。

【トースティング】toasting〔一般〕

ビートにあわせて食パンを焼くこと。

【トッド・ラングレン】Todd Rundgren (1948–)〔人物〕

数々の大ヒットを持つシンガーソングライターであり、あらゆる楽器を演奏するマルチ演奏家であり、世界的大ヒットを量産するプロデューサーであり、卓越したエンジニアであり、コンピューターソフトの開発も行う、文理系のダ・ヴィンチのような人物であるが、息子2人は野球選手になった。

【ドップラー効果】doppler effect〔音響〕

演奏者のいるステージに突進していくと楽曲のピッチが上がるので、聴衆はますます興奮する。逆に遠ざかると盛り下がる。

【ドドンパ】どどんぱ〔ジャンル〕

60年代初頭に日本で発明されたリズムとダンス。一瞬流行したがすぐに廃《すた》れた。リズム・ボックスにプリセットで入っていれば、かならずやスライ・ストーンが『暴動』で使用していたであろう魅力的なリズム・パターンである。

【ドナ・サマー】Donna Summer (1948–2012)〔人物〕

ゲイ・アイコンなのに「ＨＩＶは天罰だ」と言ってのけた。なかなか言えることではない。

【ドナルド・フェイゲン】Donald Jay Fagen (1948–)〔人物〕

スティーリー・ダンのリーダー。暗いひきこもりジャズオタなので、ＬＡに移住したのに、ビーチはおろか太陽の下にも出ないで3年過ごしたという変人である。

【トニー・アイオミ】Anthony Frank Iommi (1948–)〔人物〕

おどろおどろしいリフをたくさん作って、世界中の自殺志望者や猟奇殺人者に勇気を与えた、ブラック・サバスのギタリスト。

【トニー・ヴィスコンティ】Anthony Edward "Tony" Viscon-

ti (1944-)〔人物〕
グラムロックの名プロデューサー。最初の妻はメリー・ホプキン、後妻はメイ・パンとビートルズファミリーの女性を次々と籠絡《ろうらく》する色事師である。

【トニー・ウィリアムス】Tony Williams (1945-1997)〔人物〕
腕2本だけであんなドラムを叩くのは人間には不可能である。不正の匂いがぷんぷんする。

【トニー・ハッチ】Anthony Peter "Tony" Hatch (1939-)〔人物〕
イギリスの作曲家・プロデューサーで60年代にペトゥラ・クラークらのコンポーザーとして大成功し、その後、孤児の蜂になって日本のテレビまんがになった。

【トニー・ベネット】Anthony Dominick Benedetto (1926-)〔人物〕
アメリカの森繁久彌。マフィアと関係があるので悪口は書けない。

【ドノヴァン】Donovan Philips Leitch (1946-)〔人物〕
加藤和彦の愛称と仲井戸麗市の芸名を拝借合成した英国のヒッピーフォーク・シンガー。

【冨田勲】とみた－いさお (1932-2016)〔人物〕
音楽界の手塚治虫。

【トム・ウェイツ】Thomas Alan Waits (1949-)〔人物〕
セルジュ・ゲンズブールと来生たかおとトム・ウェイツで全世界の煙草の消費量の半分を占めるといわれている。

【トム・トム・クラブ】Tom Tom Club〔バンド〕
おしゃれでかわいらしいファンク・バンド。

【トム・ペティ】Tom Petty (1950-)〔人物〕
エリック・クラプトンと並んで黒人ファンが1人もいないことで有名。

【トム・ヨーク】Thomas Edward "Thom" Yorke (1968–)〔人物〕

ウラジミール・プーチンに似ている英国の鬱ロックカリスマ。

【銅鑼】どら〔楽器〕

飲茶時のＢＧＭに最適な楽器。

【トライアングル】triangle〔楽器〕

金属棒を三角形に曲げた打楽器だが、おにぎりの大量生産の時にも用いられる。

【トライバルハウス】tribal house〔ジャンル〕

先住民の家のこと。

【トラフィック】Traffic〔バンド〕

スティーヴ・ウィンウッドが結成したアイドルバンドだったが、後期はアメリカ人ソウル・スタジオ・ミュージシャンが多数入ったジャンキー・ジャム・バンドとなった。元のドラマーが前に出てきて目立ちまくる点はジェネシスの先輩格である。

【ドラム】drums〔楽器〕

ステージに上がって押し寄せてくる暴徒から身を守るシェルターの役目を持つ楽器。叩いて外部に非常信号を送ることもできる。

【ドラム・マシン】drum machine〔楽器〕

ドラムを叩くロボットのこと。

【ドラムンベース】drum'n'bass〔ジャンル〕

このジャンルの楽曲は何万曲もあるが、ほとんどグレゴリー・Ｃ・コールマンというひとがドラムを叩いている。

【トランス】trance〔ジャンル〕

→**【トランス脂肪酸】**

【トランペット】trumpet〔楽器〕

→**【正露丸】**

【トリ】とり〔一般〕

前の出演者の出番が終わったら、客がみんな帰ってしまうんじゃないかと、楽屋で戦々恐々としているアーティストのこと。

【トリオ】torio〔一般〕

結合双生児ともう1人だとデュオでもあるしトリオでもある。

と

【トリップ・ホップ】trip hop〔ジャンル〕

「ヒップホップの影響を受けた電子音楽」というあまりにも曖昧《あいまい》模糊《もこ》としたカテゴリーのため、だれがトリップ・ホップなのか認定に試行錯誤しているうちに死語になってしまったジャンル。

【ザ・ドリフターズ】ざ－どりふたーず〔バンド〕

ビートルズより先に日本武道館でコンサートを敢行した人気バンド。

【ドリルン・ベース】drill'n'bass〔ジャンル〕

歯科医やトンネル工事業者に愛好されている音楽らしい。

【トレモロ】tremolo〔一般〕

「同一の音」を小刻みに反復することをトレモロと言う。ヴィブラートは「音程」を小刻みに上下させることである。

→**【トレモロ・ユニット】**

【トレモロ・ユニット】tremolo unit〔楽器〕
フェンダー社の社長がトレモロとヴィブラートを混同していることを世に知らしめた装置。

【トレンチ・タウン】Trench Town〔地名〕
ボブ・マーリーやアルトン・エリスを輩出したジャマイカ、キングストンの貧民窟。熱帯であるにもかかわらず、住人がアクアスキュータム製のトレンチコートを着込んであせもだらけになっていたのが地名の由来である。

【トロージャン】Trojan〔レーベル〕
もともとアイランド・レコードの大家が突如レゲエにハマり、始めたレコード会社なのだという。身売りに身売りを重ねていくうちに国会図書館並みの膨大なライブラリーになった。

【ドローバー】drawbar〔電気〕
ハモンドオルガンの音色を作る9本の操作子。何億種類も組み合わせがあるので iPhone に「080056558」などとメモすると、知らないひとに電話が掛かってしまうので迷惑である。

【トロンボーン】trombone〔楽器〕
楽器の構造上、自動車を運転しながら演奏することは困難である。

【トワ・エ・モア】とわ-え-もあ〔グループ〕
このデュオのヒットがなければユーミンもＹＭＯも存在しない。アルファレコードの財政的基盤となったグループである。

【ドン・アーデン】Don Arden (1926–2007)〔人物〕
イギリス芸能界を支配するボス。逆らったスティーヴ・マリオットは散弾を自宅に撃ちこまれ、グリン・ジョンズは車の後部座席で雇われた与太者に脚を撃たれそうになった。アメリカに渡りモノホンのマフィアと衝突して大人しくなった模様。なお娘はオジー・オズボーン夫人。

【ドンカマ】doncamatic〔電気〕

最初に聞いた時は巨大な釜で飯を炊きスタジオで車座になってなにか喰う慣習なのかと思った。

【ドンシャリ】どんしゃり〔一般〕

ドン・ペリを呑みながら白飯を喰らうこと。

【ドン・ドラモンド】Don Drummond (1932-1969)〔人物〕

ジャマイカのトロンボーン奏者。豊かな音楽性と華麗な演奏でストリッパーをナイフで切り刻み、精神病院に強制入院させられながらスカの黄金期を主導した。

【な】

【ナイトフライ】The Nightfly〔アルバム〕

ドナルド・フェイゲンのソロアルバムだが、スティーリー・ダンと音楽性が一緒なので、ウォルター・ベッカーはいらんのかよ、スティーリー・ダンも結局WHAM!みたいなバンドだったのかよ、と世界中のひとが思った。レコーディングスタジオやコンサート会場に早めに行くとなぜかこのアルバムがよく流れている。

【ナイヤビンギ】nyahbinghi〔ジャンル〕

当事典の第四版が出たあとレゲエ関係者に呼び出され、この項目の内容について叱責を受けたので削除します。興味のあるひとは古本屋で旧版を探してみてね。

【ナイロン弦】nylon-strings〔楽器〕

ナイロンは１９３５年、アメリカのデュポン社のウォーレス・カロザースが合成に成功した。このことからアコースティック・ギターが発明されたのは１９３５年以降と思われる。

【中村とうよう】中村東洋（1932–2011）〔人物〕
飛び降り自殺した美声の音楽評論家。フュージョンが嫌いで「チック・コレラ」「キンゼイ・リポート」などと揶揄してた。「レス・ポール事件」で筒井康隆を激怒させた。
→【レス・ポール事件】

【ナザレス】Nazareth〔バンド〕
「中堅」としかいいようがないスコットランドのハードロック・バンド。ライヴ開始前にザ・バンドの『The Weight』をＰＡで流し、歌詞中の「I pulled into Nazareth」の部分をループさせ、観客を煽る演出を千年一日のごとく続けている。

【ザ・ナック】The Knack〔バンド〕
１９７９年のメガヒット曲『マイ・シャローナ』だけの一発屋のようにいわれているが、とんでもない。演奏作曲歌唱ともに超一流のテクニックを持ったＬＡのバンドである。おれは当時新譜で買ってセカンドアルバムなどはレコード屋に走って予約しに行ったほどのファンであった。素晴らしい楽曲は『マイ・シャローナ』だけではなく他にもある。しかしタイトルが思い出せないので、やはり一発屋なのだろう。

【ナッズ】The Nazz〔バンド〕
オルガンが入ったザ・フーみたいなフィラデルフィアのビート・バンド。トッド・ラングレンが在籍していた二流バンドだが、日本では『ミュージック・ライフ』誌が何ページも使って宣伝していた。しかしレコードは日本全体で3枚くらいしか売れなかった。

【ナット・キング・コール】Nathaniel Adams Coles（1919–1965）〔人物〕
力道山が刺殺された赤坂のニューラテンクォータ

ーに出演した際、客席で勝新太郎が拍手をしていた。

【ナード・コア】nerd-core〔ジャンル〕
ロッテルダムテクノやガバに影響されて日本で発生したジャンル。巨大なドメスティック・サブカルチャーの内部だけで大流行した。キッチュにすぎて、日本のアンダーグラウンド音楽界を牛耳っている欧米追従スノッブどもは無視した。スノッブどもは「反応したら負け」という思想で生きているからである。

【ナニワエキスプレス】なにわ‐えきすぷれす〔バンド〕
大阪を代表するフュージョン・バンドだが、バンド名に反して大阪府出身のメンバーは1人もいない。

【ナパーム・デス】Napalm Death〔バンド〕
→【メンバー交代を繰り返したあげくオリジナルメンバーが一人もいなくなったバンド】

【ナラ・レオン】Nara Lofego Leão (1942-1989)〔人物〕
ブラジルボサノヴァ社交界の中心にいた少女歌手。イパネマの娘と激しく反目しあってたらしい。

【ナルシソ・イエペス】Narciso Yepes (1927-1997)〔人物〕
スペインのギタリスト。小動物を埋葬しながら聴くと最高である。

【に】

【新堀ギター】にいぼり‐ぎたー〔学校〕
世界最大のギター学校。学園メソッドにあった標準より小さいギターで授業する。小さいギター製作で余った材木は宣伝用の看板に使用される。

【ニグロ・スピリチュアル】negro spirituals〔ジャンル〕
占いや超古代文明にハマった黒人のこと。

【ニコロ・パガニーニ】Niccolò Paganini (1782–1840)〔人物〕
イングヴェイ・マルムスティーンが唯一敬語を使う相手。

【ニッキー・ホプキンス】Nicholas Christian Hopkins (1944–1994)〔人物〕
60年代のイギリスでもっとも高待遇を受けたカリスマ・セッション・キーボーディスト。ビートルズとザ・ローリング・ストーンズのほとんど準メンバー扱いであったのに、アメリカに渡り、クイックシルバー・メッセンジャー・サービスというB級ヒッピー・バンドになぜか正式加入した。

【ニック・シンパー】Nicholas John Simper (1945–)〔人物〕
ディープ・パープルの初代ベーシスト。パープルをクビになった腹いせに訴訟を起こし大金をせしめる。その後もイアン・ギランのバンドや元レインボーのメンバーとバンドを結成しているから、生涯のほとんどをディープ・パープル周辺で過ごした「ディープ・パープル・ゴロ」のような人物である。

【ニック・ロウ】Nick Lowe (1949–)〔人物〕
大ヒット曲が一つもないのに、世界中のミュージシャンに尊敬されている偉人。身長が3メートルくらいある。

【ニッティ・グリッティ・ダートバンド】Nitty Gritty Dirt Band〔バンド〕
カリフォルニア州民の魂の拠りどころともいえる長寿カントリーロック・バンド。ところが代表曲『ミスター・ボージャングル』はルイジアナ州の歌である。

【日本武道館】にっぽん‐ぶどうかん〔ホール〕
ラット公演で開演前に3F席から飛ばされた紙飛行機がアリーナ席上空を悠然と旋回し見事ドラムセットに着陸した時の歓声はバンド登場の時より大きかった。

【ニーナ・シモン】Nina Simone (1933-2003)〔人物〕
男声より1オクターブ高く、女声より1オクターブ低いので、レコードの回転数を間違ったのではないかと思われる不思議な声の持ち主で、ジャンルもジャズなのかソウルなのかフォークなのかポップスなのか判然としない、個性の塊のような歌手兼ピアノ奏者。会議中に発砲したりする猛女としても有名。バルバドス大統領の愛人だった。

【ニナ・ハーゲン】Nina Hagen (1955-)〔人物〕
ドイツのカリスマ不思議少女。15歳年上の男と結婚したり、30歳年下の男と結婚したりと忙しい。

【ニュー・ウェイヴ】new wave〔ジャンル〕
「ニュー」と謳っている以上、オールド・ウェイヴの呪縛から逃れることは本質的に不可能である。

【ニュー・ウェイヴ・リヴァイヴァル】new wave revival〔ジャンル〕
それをまたリヴァイヴァルさせるくらいだからオールド・ウェイヴの呪縛は永遠である。

【入力インピーダンス】にゅうりょく−いんぴーだんす〔電気〕
→【インピーダンス】

【ニューエイジ・ミュージック】new age music〔ジャンル〕
健康食品屋や占い屋や新興宗教のＢＧＭ。

【ニュー・オーダー】New Order〔バンド〕
ロックとクラブミュージックの架け橋となったイギリスの大御所バンド。イアン・カーティスが自殺しなかったら、そんなことは起こっていなかった。とにかくメンバーは大儲けである。世の中一瞬先は闇である。

【ニューオーリンズ・ジャズ】New Orleans jazz〔ジャンル〕
ディズニーランドのトムソーヤ島を巡る外輪船のBGM。

【THE NEWS】ザ・ニュース〔バンド〕
テレビ番組「いかすバンド天国」で有名になった美人トリオバンド。骨太な存在感は某超一流企業のOLであるという余裕の賜物であったという噂であった。

【ニュースクール・ハードコア】new school hardcore〔ジャンル〕
もうハードコア界隈はジャンル名が細分化されすぎてなにがなんだかよくわからん。もはやセクト化するのが唯一無二の存在理由であるかのようだ。

【ニューソウル】new soul〔ジャンル〕
「ニュー」と謳っている以上、オールドソウルの呪縛から逃れることは本質的に不可能である。

【ニューフォーク】new folk〔ジャンル〕
「ニュー」と謳っている以上、オールドフォークの呪縛から逃れることは本質的に不可能である。

【ニューミュージック】new music〔ジャンル〕
よくもまあ臆面もなく、このようなジャンル名を考えたものである。あとさき何も考えていなかったのであろう。

【ニューメタル】new metal〔ジャンル〕
「ニュー」と謳っている以上、オールドメタルの呪縛から逃れることは本質的に不可能である。

【ニューヨーク・ドールズ】New York Dolls〔バンド〕
オカマじゃないのに、オカマの振りをさせられて同情されたが、メンバーは案外楽しそうであった。

【ニューレイヴ】new rave〔ジャンル〕
「ニュー」と謳っている以上、オールドレイヴの呪縛から逃れることは本質的に不可能である。

【ニューロティカ】にゅーろてぃか〔バンド〕
東京の場末のライヴハウスに行くと汚い階段や楽屋にかならずこのバンドのポスターが貼ってある。

【ニューロマンティック】new romantic〔ジャンル〕
デヴィッド・ボウイの美意識の46898番煎じくらいのバンドやアーティストの総称。

【ニール・アスピノール】Neil Stanley Aspinall (1941-2008)〔人物〕
ビートルズの側近中の側近。解雇されたピート・ベストの母親モナ・ベストと子供をこしらえた。複雑怪奇な人間劇場である。

【ニール・イネス】Neil Innes (1944-)〔人物〕
モンティ・パイソンの準メンバーともいえるギタリスト、ソングライター。

【ニルヴァーナ】Nirvana〔バンド〕
1970年以前に生まれたひとの琴線にはまったく触れないグランジロックの鼻祖。なんでもボーカリストが往年の破滅型ロッカーのようなひとだったらしい。ベーシストは身長が4メートルくらいある。

【ニール・セダカ】Neil Sedaka (1939-)〔人物〕
尾羽打ち枯らして一文無しで帰国したアンディ・サマーズにアンプを買い与えたエピソードはロック界で一番泣ける話であるので、詳細を知りたいひとは『アンディ・サマーズ自伝 ポリス全調書』(P-Vine Books)を読まれたし。

【ニール・ダイアモンド】Neil Diamond (1941-)〔人物〕
映画『ラスト・ワルツ』に突然、悪趣味な業界人のような格好でステージに上がりこんできたひと。そして実際にユダヤ人の牛耳る悪趣味な音楽業界の大立者である。『スウィート・キャロライン』は名曲。

【ニール・ヤング】Neil Young (1945-)〔人物〕

身長が5メートルくらいある文字通りアメリカンロックの巨人であるがカナダ人である。

【人間椅子】にんげん‐いす〔バンド〕
バッジーのコピーをしたりしてなかなか通好みな日本のハードロック・トリオ。

【ぬ】

【ヌーノ・ベッテンコート】Nuno Duarte Gil Mendes Bettencourt (1966–)〔人物〕
エクストリームのカリスマ・ギタリストだがホームページはMyspaceである。

【ね】

【ネーナ】Gabriele Susanne Kerner (1960–)〔人物〕
『ロックバルーンは99』の大ヒットで知られる、可憐なドイツ娘。腋毛が印象的であった。

【の】

【ノイエ・ドイチェ・ベレ】Neue Deutsche Welle〔ジャンル〕
ジャーマン・ニュー・ウェイヴのこと。ドイツだろうがどこだろうが「ニュー」と謳っている以上、オールド・ウェイヴの呪縛から逃れることは本質的に不可能である。

【ノイズコア】noise core〔ジャンル〕
もうなんでも思いつく単語＋コアで無限に新ジ

ャンルが創出できるね。

【ノイズ・ミュージック】noise music〔ジャンル〕

ノイズとは予期せぬ雑音のことであるから、ノイズ・ミュージックと謳われた時点でそのアーティストは1音もノイズを発せられなくなる。

【ノイズロック】noise rock〔ジャンル〕

→【ノイズ・ミュージック】

【能】のう〔ジャンル〕

炎上する天守閣で能を舞うのが一番かっこいいと思う。

【ノエル・レディング】Noel David Redding (1945-2003)〔人物〕

ジョン・レノンの親父が娑婆《しゃば》に出てきてレコード会社にそそのかされ、『わが人生』という歌を吹き込んだ。その時にバックでギターを弾いていたが、ジミ・ヘンドリックスのほうが才能があることがわかったので、ベースに転向してエクスピリアンスを結成した。

【ノベルティソング】novelty song〔ジャンル〕

日本でいうコミックソングのこと。意図せずともすべての音楽は視点をずらせばコミックソングになる。

【登川誠仁】のぼりかわ - せいじん (1932-2013)〔人物〕

「沖縄のジミヘン」「南洋のカントリーブルーズ」など本土の音楽関係者にむりやり西洋音楽と結び付けられて本人は迷惑そうであった。登川流宗家に対して失礼にもほどがあるというものである。

【ノルデスチ】nordeste〔ジャンル〕

ブラジルの北東部の音楽のこと。北西部や南東部、南西部の音楽を総称する単語はないことから、それらの地域には音楽自体が存在しないらしい。

【は】

【ハイエナジー】 hi-NRG〔ジャンル〕
もうＮＲＧという字面からしてダサそうである。

【倍音】 ばいおん〔一般〕
→【大山のぶ代の声】

【バイノーラル録音】 binaural recording〔技術〕
バイセクシャルがノーマルセックスとオーラルセックスを交互に繰り返す様を録音すること。リアルドールを使用して録音するというのだから手が込んでいる。

【ハイハット・シンバル】 hi hat cymbal〔楽器〕
超絶技巧ドラマーはこの楽器を使用してさかまつげを抜くことができるという。

【ハイ・ファイ・セット】 はい－ふぁい－せっと〔グループ〕
関西のフォーク・グループ「赤い鳥」から発展したコーラス・グループ。山本潤子の美貌美声と夫である山本俊彦のテナーボイスが売り物であった。メンバーの大川茂は後に金庫破りに転向。

【ハイライフ】 highlife〔ジャンル〕
ガーナの現地人がジャズやポップスやファンクを物真似したらものすごくかっこいい個性的な音楽ができた。

【ハウス】 house〔ジャンル〕
オカマの黒人が金がないので安リズム・ボックスや安シンセでディスコ・ミュージックを作ったら、ものすごくかっこいい個性的な音楽ができた。

【ハウス・システム】 house system〔一般〕
その家のしきたりのこと。郷に入らば郷に従えである。

【ハウス・バンド】 house band〔一般〕

クラブやスタジオと専属契約しているバンド。ハウスミュージックは生演奏での再現が難しいのでハウス以外の音楽を演奏する。

【ハウリン・ウルフ】Howlin' Wolf (1910–1976)〔**人物**〕
ミシシッピー生まれでシカゴで人気を博したブルーズ・シンガー。一説によるとまだ生きており、上野アメ横でチョコレートの叩き売りをやっているという。

【HOUND DOG】はうんど‐どっぐ〔**バンド**〕
日本のグレイトフルデッド。ライヴに主眼を置き全国津々浦々を廻り、純真な少年少女に音楽の素晴らしさやメンバー同士の訴訟合戦などを伝えた。

【ハウンド・ドッグ・テイラー】Hound Dog Taylor (1915–1975)〔**人物**〕
指が6本あった／なかった／切り落とした説が死後も喧々囂々《けんけんごうごう》されている、外科医学的ブルーズマン。晩年になるまで不遇であったが、晩年になってもバンドメンバーを銃で撃ったりする溌剌《はつらつ》さを見せてくれた。

【パーカッション】percussion〔**楽器**〕
慣れないひとが素手で叩きすぎると毛細血管が切れ、血尿が出る。たったいま入ったニュースによりますと、慣れたひとでも血尿が出るということです。

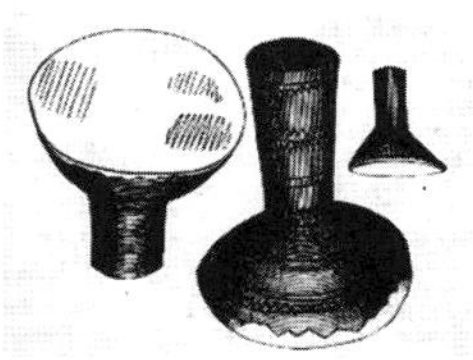

【BUCK-TICK】バクチク〔**バンド**〕
大変高い音楽性とカリスマ性を誇る長寿バンド。もう60年くらい活動を続けているはずだが、メンバーが笑うところを誰も見たことがない。

【バグパイプ】bagpipe〔楽器〕

ある夜、新宿駅東口の地下で遠くからバグパイプの音が聴こえたので、音を辿って行くと、なんと伊勢丹の前でスコットランドの民族衣装を完全装備した男が嬉しそうに吹いていた。見かけによらず、ものすごく大きな音が出るのである。投げ銭も大量に集めていた。ストリート・パフォーマンスの最高の例である。

【バグルス】The Buggles〔バンド〕

『ラジオスターの悲劇』という80年代最大級のヒットを放ったにもかかわらず、イエスに吸収されたみたいになって、わけがわからぬうちにうやむやになったバンド。そもそもバンドだったのかね、あれは。

【ハシエンダ】The Haçienda〔名所〕

マンチェスターにあったクラブ。元はヨット製作工房でその後インド人向け映画館になった。ハッピー・マンデイズの連中がＭＤＭＡをバラまいて流行の目玉になった。

【ザ・バーズ】The Byrds〔バンド〕

人気アイドル・フォークロック・グループだったが、わずか数年の間にサイケ・バンド、カントリー・バンド、原始キリスト教がどうのと抹香《まっこう》臭いバンドになって解散した。西海岸のスパイナル・タップみたいなバンド。

【バスクラリネット】bass clarinet〔楽器〕

ヤギ鬚生やしてこの楽器をぷぎゃあああおうううと吹けば、あら不思議なにやら知的な前衛ジャズの出来上がりである。

【バスドラム】bass drum〔楽器〕

高橋ユキヒロ先生くらいのお洒落になるとバスド

は

ラムに詰めるミュート布もアクアスキュータムとかバーバリーを使うらしい。

【バックグラウンド・ミュージック】background music〔一般〕
鳴っている音楽に意識を集中できない状態の脳が認識する音の羅列。

【バックステージ・パス】back stage pass〔一般〕
会場や楽屋の警備員の職務怠慢《たいまん》を抜き打ちで試すためのカード。

【バックストリート・ボーイズ】Backstreet Boys〔グループ〕
アメリカのＳＭＡＰ。

【バッジー】Budgie〔バンド〕
ウェールズの国民的ハードロック・バンド。メンバーのルックスのダサいことで有名。しかしストイックな演奏姿勢と、へんな眼鏡を掛けたベース兼ボーカルのバーク・シェリーの高音のボーカルが魅力である。

【パッチ・ベイ】patch bay〔電気〕
ジャックが並んでおり、機材同士の接続を変えられる機器。椅子から立ち上がるのを億劫《おっくう》がる、体重２００キロの超ものぐさエンジニアが発明したのに違いない。

【バーデンヴァイラー行進曲】Badenweiler Marsch〔曲名〕
ヒトラー総統が登場する映像や式典のＢＧＭで流されていた行進曲。たいへん明るくキャッチーな名曲で、今日のヒトラーのイメージとは真逆である。しかし当時はこれがメインテーマであった。ドイツ国内では演奏が自粛されている。

【バッドカンパニー】Bad Company〔バンド〕
子供が結成したブルースロック・バンドのフリーの発展形である。レッド・ツェッペリン一味にバンド運営を任せたら売れに売れた。

【バッドフィンガー】Badfinger〔バンド〕
ビートルズの弟分バンドでヒットを連発した後、メンバーが次々に自殺した。

【パット・マルティーノ】Pat Martino (1944–)〔人物〕
フィラデルフィア出身の白人ジャズ・ギタリスト。デビューした時から異常に上手かったが、突然記憶喪失になり、一からやりなおし、また異常に上手くなった。

【パット・メセニー】Pat Metheny (1954–)〔人物〕
グラミー賞常連の超人気フュージョン・ギタリスト。ギブソンのフルアコースティック・ギターに歯ブラシを装着しているのは極度の虫歯恐怖症だからである。

【はっぴいえんど】はっぴいえんど〔バンド〕
ベース宇野主水《もんど》、ギターほしいも小僧、ギター多《た》羅《ら》尾伴内《おばんない》、ドラム江戸門弾鉄《えどもんだんてつ》によって結成された日本のバンド。日本語で唄ったので内田裕也に攻撃されたとされるが、いまとなってはなんのことやらさっぱりわからない。

【ハッピーハードコア】happy hardcore〔ジャンル〕
シャブ漬けＭＤＭＡ漬けのオランダ人の少年少女が熱狂するテクノ音楽。

【バッファロー・スプリングフィールド】Buffalo Springfield〔バンド〕
霊柩車に乗ってニール・ヤングを探しに大陸横断したスティーヴン・スティルスがＬＡの通りでニール・ヤングを発見し結成。すぐ殴り合いの喧嘩になって解散したが、その間に優れたヒット曲とアルバムを残した。解散後ドラマーがバッファロー・スプリングフィールドを名乗りツアーするが、残りの元メンバーに袋叩きにあった。

【バディ・ガイ】Buddy Guy (1936–)〔人物〕
シカゴのブルーズ・ギタリスト。ジミ・ヘンドリックスやエリック・クラプトンの師匠的存在であるが、弟子たちの1000分の1くらいしか金を稼げなかったので、いまでもハードなツアーを続け必死で妻子を養っている。助けてやれよな！クラプトンよ。

【ハーディ・ガーディ】hurdy gurdy〔楽器〕
イギリスのサイケ・フォークロック・シンガー、ドノヴァンが有名にした中世以来の擦弦《さつげん》楽器。しかしドノヴァンがこの楽器を使用したわけではない。

【パティ・スミス】Patricia Lee "Patti" Smith (1946–)〔人物〕
都市の退廃の上にふんぞり返ってインテリ相手にタワけた歌を唄う、腋毛ボーボー女。

【バディ・ホリー】Charles Hardin Holley (1936–1959)〔人物〕
米英のあらゆるレジェンド・ロック・ミュージシャンの神的カリスマ。ギャンブル依存症で飛行機が墜落して死んだ。日本では坂本九が影響を受けたことで有名。坂本九も飛行機が墜落して死んだ。

【バーデン・パウエル】Roberto Baden Powell de Aquino (1937–2000)〔人物〕
ジャンルがよくわからない大変技巧的なギターを弾くブラジル人。身体が弱かったので後半生は自分の名前を冠した保養都市、バーデン＝バーデンで暮らした。

【ハードコアテクノ】hardcore techno〔ジャンル〕
ハードコアなテクノ。冗談が通じなさそうである。

【ハードコアパンク】hardcore punk〔ジャンル〕
ハードコアなパンク。冗談が通じなさそうである。

【ハードトランス】hard trance〔ジャンル〕
ハードなトランス。冗談が通じなさそうである。

【バド・パウエル】Earl Rudolph "Bud" Powell (1924–1966)〔人物〕

ものすごい速弾きバップ・ピアニストとして一世を風靡《ふうび》した。警察で電気ショックの拷問を受け、後遺症で半分の速度でしか指が動かなくなったとされるが、フランス人にはそのくらいの速度がちょうど良かったらしく、請われてパリに移住した。

【ハードハウス】hard house〔ジャンル〕

ハードなハウス。冗談が通じなさそうである。

【バート・バカラック】Burt Bacharach (1928-)〔人物〕

愛弟子ディオンヌ・ワーウィックによると「ボサノヴァを発明したひと」だそうである。

【ハードバップ】hard bop〔ジャンル〕

ハードなバップ。冗談が通じなさそうである。

【ハードメタル】hard metal〔ジャンル〕

金属が硬いのは当たり前である。

【パトリック・モラーツ】Patrick Moraz (1944-)〔人物〕

キース・エマーソンに見捨てられたザ・ナイスの2人が見つけてきたスイスの鍵盤奏者。さながらラムゼイ・ルイスに見捨てられたヤング・ホルト・アンリミテッドの欧州版である。

【ハードロック】hard rock〔ジャンル〕

ハードロックとヘヴィメタルの違いは、ブルーズが基礎にあるのがハードロック、クラシカルな要素があるのがヘヴィメタルである。

【ハナ肇】はな-はじめ (1930-1993)〔人物〕

偉大なバンド・リーダー、ドラマー。ドラムソロの最中にドラム以外のあらゆるものを叩き続け、床を叩きながら、徐々にステージ前方ににじり寄り、マイクスタンドを叩き、一瞬止まってうひひひひひと笑うギャグの功績が認められ、生前から銅像が建てられた。

【ハナ肇とクレージーキャッツ】はな-はじめ-と-くれーじーきゃっつ〔バンド〕

卓越した技術を持ったジャズ・バンドなのだが、忠臣蔵の討ち入りで、吉良上野介を炭小屋に追い詰める。トロンボーン奏者が炭小屋を開けると、なんとギター奏者が写真の現像中である。「これが読めないの!? D-T-P、ほら読んでディーティーピー」一同あっけにとられて「DTP!」と唱和する。

【ハノイ・ロックス】HANOI ROCKS〔バンド〕

フィンランドのニューヨーク・ドールズみたいなバンド。ドラマーが死んで解散した。妖艶《ようえん》なボーカリスト、マイケル・モンローはフィンランド人としては〝白い死神〟シモ・ヘイへ少尉の次くらいに有名である。

【パパ・ウェンバ】Papa Wemba (1949–2016)〔人物〕

コンゴの国民的歌手にして、全サプールの神的カリスマ。葬儀の時は超一級のサプールたちが棺を担いですごかった。

【バハ・マリンバ・バンド】The Baja Marimba Band〔バンド〕

マーティン・デニーのバンドにいたマリンバ奏者のジュリアス・ウェクター率いるA&Mのアメリアッチ・グループ。メンバー全員ソンブレロをかぶり葉巻をくわえておりケレン味がただごとではない。

【ハービー】DJ Harvey (?–)〔人物〕

日本で異常に神格化されている英国のDJ。ヒガシマルうどんスープのチェックが入るのも目前であろう。

【ハービー・ハンコック】Herbert Jeffrey "Herbie" Hancock (1940–)〔人物〕

「音楽の師はマイルス・デイヴィス、人生の師は池田大作」と公言する世界で一番有名な創価学会信者。池田大作SGI会長が入信したのと同じ1947年にピアノを弾き始め、1970年代初頭エムワンディシュバンド時代、ベーシストのバスター・ウィリアムスの影響で題目を唱え始めた。

【ハービー・マン】Herbert Jay Solomon (1930–2003)〔人物〕

ジャズ・フルート奏者。ポップ志向と同業者から馬鹿にされていたが、『メンフィス・アンダーグラウンド』が大ヒットし、巨額の印税がもたらされると、全ジャズマンが彼に群がった。ひとりひとり面倒を見たのだからたいしたものである。

【ハープ】harp〔楽器〕

ロングドレスを着て結婚式で弾けば、ワンステージ・ギャラ20万である。大安吉日など3会場駆け回り、ご祝儀までもらえるそうである。もっとも有名な奏者はローマ皇帝ネロとハーポ・マルクス。

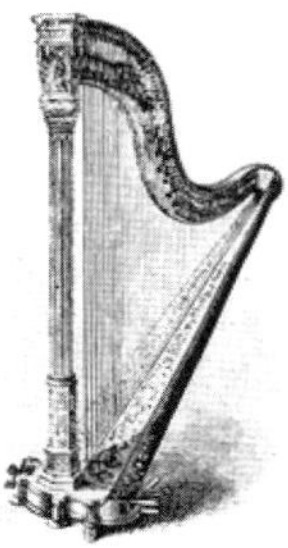

【ハーブ・アルパート】Herb Alpert (1935–)〔人物〕

色悪二枚目のトランペット奏者、Ａ＆Ｍというレコード会社を作り、大成功した。ますます色悪ぶりに磨きがかかった、トランペット界のヒュー・ヘフナーとでも形容すべき人物である。

【PUFFY】ぱふぃー〔グループ〕

アメリカで最も成功した日本のアイドル・ユニット。ピンク・レディーが嫉妬して地団駄を踏んだ。

【Perfume】ぱふゅーむ〔グループ〕

２０１０年代のキャンディーズ。

【バーブラ・ストライサンド】Barbara Joan "Barbra" Streisand (1942–)〔人物〕

典型的ユダヤ人女性の風貌を持つ大歌手。最初の旦那は『Ｍ★Ａ★Ｓ★Ｈ』のエリオット・グールドである。

→**【ゲイ・アイコン】**

【パブリック・イメージ・リミテッド】Public Image Limited〔バンド〕
ベースが脱退したら、ベースを補充せずにベースレスになって世間をあっといわせたイギリスのバンド。

【バブルガム・ミュージック】bubblegum music〔ジャンル〕
子供向けのお気楽能天気ポップスと馬鹿にされたが、代表バンド「１９１０フルーツガム・カンパニー」は来日して箱根アフロディーティでピンク・フロイドと競演して全世界のシリアスなロック・ファンを恐慌状態に陥れた。

【パブロック】pub rock〔ジャンル〕
居酒屋で行われるアンチ・ピンク・フロイド集会のこと、またはそこで演奏される音楽のこと。

【ハーポ・マルクス】Adolph "Harpo" Marx (1888-1964)〔人物〕
言語障害を乗り越えて史上最も有名なハープ奏者になった偉人。死ぬほど面白い。

【ハマー】M.C. Hammer (1962-)〔人物〕
90年代初頭、彗星のように現れて彗星のように消えていったラッパー。巨万の富を築き、巨万の浪費をし、人気絶頂からわずか数年で破産した。アメリカンドリームの象徴である。

【バミる】ばみ-る〔一般〕
ガムテープなどで舞台に印をつけることを意味する業界用語だが、転じてガムテープを使用すること、さらに転じてバミテープなどと言うようになり一般にも広まった。なぜこんなに広まったかは謎。

【ハムバッキング・ピックアップ】humbucking pickup〔電気〕
ハンバッカーなどとも称する、ギタリスト以外にはほとんど意味のない専門用語である。

【ハーモニカ】harmonica〔楽器〕

口にくわえたまましゃべるとヴォコーダーの代用になる。

【ハモンド・オルガン】hammond organ〔楽器〕

「お前はもう噺家《はなしか》なんぞ辞めてオルガンでも弾いていなさい」

「へ？」

「破門だ！（ハモンド）」

という故林家三平師匠の小噺で有名になった鍵盤楽器。日本ではメンソレータムの会社が代理店だった。

【バラード】ballad〔ジャンル〕

サッカーの三浦知良《かずよし》に「好きな音楽のジャンルは？」と尋ねたら「バラード」と答えていた。

【バラライカ】balalaika〔楽器〕

ウォッカを呑み過ぎたロシアのギター職人がフライングVをコピーしようとしてできた楽器。

【パリス・ヒルトン】Paris Whitney Hilton (1981–)〔人物〕

流出セックス映像の閲覧数でパメラ・アンダーソンを抜いた。どうでもいいけど、これ音楽事典だよね？

【バリトン・サックス】baritone saxophone〔楽器〕

ベースギターと音域が被るのでベーシストとは犬猿の仲である。

【ハリー・ニルソン】Harry Edward Nilsson III (1941–1994)〔人物〕

ジョン・レノンをイジって狂わせた「失われた週末」の張本人として噂の男になった。

【バリー・マニロウ】Barry Manilow (1943–)〔人物〕

『コパカバーナ』を能天気ディスコ賛歌だと思い込んでバカにしていたひとは、その歌詞の内容の深い文学性に気付いた瞬間、バリー・マニロウを賞賛し始める。しかしまあバリー・マニロウはあくまでバリー・マニロウである。

【HALCALI】はるかり〔グループ〕
あまりにも東京っぽく垢抜けすぎているので地方や地方出身者にさっぱりウケない、目黒出身の東京原住民女性ラップ・デュオ。

【バレアリック】balearic〔ジャンル〕
イビサ島の享楽的な文化が生んだ音楽ジャンル。行ったことがないひとやMDMAを摂取したことがないひとには、何でもありに聴こえるが、目に見えないルールが張り巡らされているのである。

【バロック音楽】baroque〔ジャンル〕
ルートヴィヒスブルク宮殿でミケランジェロの彫刻群に囲まれモリエールの台詞を口にしながら聴くと最高である。

【パワー・アンプ】power amplifier〔電気〕
近隣から騒音苦情を引き出す魔法の電気装置。

【パワーポップ】power pop〔ジャンル〕
まるで通常のポップスにはパワーはないかのような言い草で不快である。

【パワーメタル】power metal〔ジャンル〕
まるで通常のヘヴィメタルにはパワーはないかのような言い草で不快である。

【半音】はん‐おん〔楽典〕
音を半分しか出さないこと。ケチである。

【半音階】はん‐おんかい〔楽典〕
音階を半分しか演奏しないこと。ケチである。

【バングラ】bhangra〔ジャンル〕
イギリスに住むインド人が、故郷の音楽を電子化したクラブミュージック。カレーを手づかみで食べながら聴くと最高である。

【バンジョー】banjo〔楽器〕
ピザパーラー「シェーキーズ」や、ディズニーランドのウエスタンランドに行くと、この楽器を見ることができる。

【ハンズアップ】hands up〔ジャンル〕
クラブミュージックのカテゴリーの中にテクノというジャンルがあり、さらに細分化されてトランスというサブジャンルがあり、ここから分派したユーロトランスという一群の中にさらにあるサブ・サブ・サブ・サブ・サブ・ジャンルである。もうこうなると、ファンは3人くらいしかいないのではないか。

【パンテラ】Pantera〔バンド〕
史上最もマッチョなイメージとサウンドのヘヴィメタル・バンド。肛門にドリルを突き刺すというアルバムジャケットが回収騒ぎになり、急遽頭蓋骨にドリルを突き刺すというジャケットに変更された。南軍の旗を掲げ、タトゥーだらけで恐ろしげな風貌のギタリスト、ダイムバック・ダレルは海兵隊員に拳銃で頭を撃ちぬかれ死んだ。

【バンド】band〔一般〕
音楽性の不一致を確認するためにミュージシャンが集まること。

【ザ・バンド】The Band〔バンド〕
めっぽうファンキーな演奏をする、ロニー・ホーキンスのバック・バンドが独立、ドサ回りしていたところをボブ・ディランに雇われ、ロビー・ロバートソンのスノッブ野心に火がついた。農村で19世紀そのままの共同生活をする浮世離れした髭もじゃ男たちというギミックで売り出し世界中で大ヒットした。しかし実際には、メンバーはニューヨークの高級ホテルなどで生活しており、リムジンでコンサート会場に乗りつけ、MCで「今年はトウモロコシが豊作だっぺよ〜!」と言ったり、超成金スタジオで録音した音源を「湿った地下室で中古のテレコで録音した」などとハイプをかまし続けた。ショービジネスの舞台裏を垣間見た想いである。

【パンニング】panning〔電気〕

信号を右チャンネルに送ったり、左チャンネルに送ったりして、ステレオ音響の中で定位を変えること。たいていミキサーにパンニング用のノブが付いている。このノブに細い棒を取り付け、火をおこす要領で高速にパンニング移動させるという、スタジオオーナーが見たら発狂しそうなテクを、関西のエンジニアが用いていた。

【反復記号】はんぷく‐きごう〔楽典〕

演奏者が今どこを演奏しているのか迷わせる罠に誘導するために、悪意のある作曲家やアレンジャーが用いる記号。

【ハンブル・パイ】Humble Pie〔バンド〕

イギリスの大アイドル歌手、ピーター・フランプトンのために、別の大アイドル歌手スティーヴ・マリオットが拵《こしら》えたバンドなのだが、結局スティーヴ・マリオットが私物化してしまう。黒人コーラスガールを従え、熱いソウル・ハードロックでアメリカで大儲けするが、マフィアに騙《だま》されスティーヴ・マリオットは一文無しになった。

【ひ】

【ピアニッシモ】pianissimo〔楽典〕

…………………、……………。……、……、……、……。

（この項目だけピアニッシモで印字してありますので拡大鏡でご覧ください。）

【ピアノ】piano〔楽器〕

弾いているひとの指の上に蓋を落として、演奏家生命を終了させる装置。ギロチンと同じく18世紀のフランスで開発された。

【ピアノ・ロック】piano lock〔楽器〕

指の上に蓋を落とされないように、蓋に鍵をかける機構。

【ピエール・バルー】Pierre Barouh（1934–2016）〔人物〕
日本を拠点に活動しようとしたが、「在日フランス人音楽家枠」はすでにクロード・チアリがいたので撤退。在日しても瀟洒《しょうしゃ》な音楽性はオシャレに過ぎてヒガシマルうどんスープを厭《いと》わぬチアリに勝てたかどうかは疑問である。

【ヒカシュー】ひかしゅー〔バンド〕
80年代を代表するインテリ文化系バンドである。「ひ」で始まるのは日本のバンドばかりだな。

【BEGIN】びぎん〔バンド〕
「ひ」で始まる日本のバンド。

【久石譲】ひさいし–じょう（1950–）〔人物〕
挫折や失敗を経験したことがない真の天才。おなじく挫折や失敗を経験したことがない宮崎駿《はやお》と名コンビを組んで活躍する。

【B・J・トーマス】B.J. Thomas（1942–）〔人物〕
イイ男で、声もイイ、歌唱力は抜群で『雨にぬれても』という超特大メガヒットもある。現在も精力的に活動しているが、存在感がどうしようもなく地味である。

【BGM】ビー・ジー・エム〔名〕
バック・グラウンド・ミュージックの略。1982年にYMOが発明するまでは映画も演劇もテレビも喫茶店も無音だった。

【B'z】びーず〔バンド〕
パクリだ商業主義だと言われても勝てば官軍である、という身も蓋もない思想を体現している、清濁併せ呑む大政治家タイプの2人組ハードロック・ユニット。

【The ピーズ】ざ–ぴーず〔バンド〕
同時に2枚のアルバムを出してデビューしたバンド。トリオ編成である。当時5人編成のバンドで活動していた筆者はリーダーの大木氏に「お前ら人数多すぎなんだよ」と叱責を受けたことがある。

【ビースティー・ボーイズ】Beastie Boys〔バンド〕

リーダーのＭＣＡは『チベット死者の書』に傾倒するあまり本当に死者になった。

【ヒス・ノイズ】hiss noise〔電気〕

ヒステリーを起こした騒音おばさん。

【ピーター・ガブリエル】Peter Brian Gabriel (1950–)〔人物〕

育ちの良さそうなハンサムなのに、逆モヒカン刈りにして、メンバーやファンの顰蹙《ひんしゅく》を買ってジェネシスを脱退した。

【ピーター・グリーン】Peter Green (1946–)〔人物〕

東ロンドンの柄の悪い労働階級丸出しのブルーズ・ギタリストで、ジョン・メイオール・ブルーズブレイカーズやフリートウッド・マックで人気を博したが、ＬＳＤのやりすぎで精神に異常をきたし、キリストみたいな格好をして狂気の世界へ行ってしまったが、最近元に戻ってきて、東ロンドンの労働者階級丸出しのブルーズをやっている。

【ピタゴラス】Pythagoras (B.C.582–B.C.496)〔人物〕

ある日、ピタゴラスが鍛冶屋の前を通りがかったとき、金槌の重さによって音程が違うことに気づき、インダストリアルノイズ・ミュージックを発明したといわれる。

【ピーター・トッシュ】Peter Tosh (1944–1987)〔人物〕

ボブ・マーリーとバニー・ウェイラーが小柄なので、ウェイラーズの集合写真を見ると身長２メートル30センチくらいに見えるが、実際は身長１メートル80センチそこそことのこと。このことからボブ・マーリーの身長は１メートル20センチくらいだろうと推測される。ステッピン・レザーの異名を持つほど戦闘的な性格だが、その歌声を聴くとキュン死にしそうなくらいセツなく、ラブリーである。

【ピーター・フランプトン】Peter Frampton (1950–)〔人物〕
かわいらしいアイドル出身で、ハンブル・パイを結成したが、スティーヴ・マリオットに追い出される。ソロアルバムを出したら10兆枚くらい売れて、サージェント・ペパーズ・ロンリー・ハーツ・クラブ・バンドに加入した。

【ピーター・ポール&マリー】Peter, Paul and Mary〔グループ〕
育ちの良さそうなフォーク・トリオで、育ちの良い大学生にバカウケした。サウスブロンクスのゲットーなどでは絶対に流れなかった音楽である。メンバーのピーター・ヤーロウはＬＳＤにハマりまくったあげく『You Are What You Eat』というフリーク映画を監督した。これは傑作である。

【ピチカート・ファイヴ】ぴちかーと–ふぁいゔ〔バンド〕
これも「ひ」だな。

【ザ・ビーチ・ボーイズ】The Beach Boys〔バンド〕
ビーチ・ボーイズと名乗っておきながら、デニス・ウィルソン以外はサーフィンはおろか泳げるかどうかも怪しい。そのデニス・ウィルソンはビーチボーイのくせに溺れ死んだ。リーダーのブライアン・ウィルソンの情緒不安定さとカリフォルニアの白痴的な陽気さが好対照なので、チャールズ・マンソンに付きまとわれて、マイク・ラヴはインドに逃亡。マハリシ・マヘシ・ヨギをボディガードに雇いツアーに同行させた。

【ピッキング】picking〔奏法〕
弦楽器を弾いたりマンションの鍵をあけて泥棒する時の器具。

【ＰＹＧ】ぴっぐ〔バンド〕
スパイダースとタイガースとテンプターズという超メガ人気ＧＳが合体したバンド。ディズニーランドとユニバーサル・スタジオが合体したようなバンドである。みずほ銀行と三菱東京ＵＦＪ銀行が合体したようなバンドである。

【ビッグ・ビート】big beat〔ジャンル〕

でかすぎて、最初の一発でステージは崩れ、観客は木っ端微塵に吹き飛ばされるので、一瞬だけ流行って衰退した。ブームの中心人物はファットボーイ・スリムというサングラスを掛けた肥満児である。

【ヒット・チャート】hit chart〔一般〕

最初は一つだったが、R&Bチャート、ヒップホップ・チャート、レゲエ・チャート、インディーズ・チャート、カレッジ・チャートと無限に増殖していった。この流れは発売される楽曲の数とチャートの数が同数になり、全ての楽曲がなんらかのチャートで1位になるまで続くものと思われる。

【ヒップホップ】hip hop〔ジャンル〕

だぼだぼの服を着てYo!Yo!Yo!などと言いながら、レコードに針をこすり付けて中古レコード屋に転売できないようにしたり、地面の上でくるくる回って眼を回したり、キャデラックに乗ってピストルの撃ち合いをしたりする文化。地下鉄や壁などの塗装業者とも密接な関係がある。

【ピート・タウンゼント】Peter Dennis Blandford "Pete" Townshend (1945-)〔人物〕

腕をぶんぶん振り回す風車奏法と呼ばれる派手なアクションで名を馳せたザ・フーのギタリスト。ザ・フーの楽曲の大半を手がける。リードボーカルも担当するので元リーダーのロジャー・ダルトリーは面目丸つぶれである。インテリ論客としても知られるが、児童ポルノ容疑でもっとも有名になった。

→【ザ・フー】

【ビートたけし】びーと - たけし (1947-)〔人物〕

ビートたけしwith足立区バンドのリーダー。当時バンドのギタリストが「家出女子中学生と同棲している」と発言していた。

【ピート・ベスト】Randolph Peter Best (1941-)〔人物〕

ビートルズの元ドラマー。パン工場でアルバイトするためリンゴ・スターにドラマーの座を禅譲《ぜんじょう》した。本人はインド生まれ。その後ビートルズのメンバーたちはインドにピートを探しに行ったが、見つからないので瞑想道場に入門した。

【ザ・ビートルズ】The Beatles〔バンド〕
スキッフル・グループなのにミュージック・コンクレートなどの前衛作品も手がける4人組。60年代に人気を博したが、70年には解散。解散前にはベーシストの死亡説が流れた。

【ザ・ピーナッツ】The Peanuts〔グループ〕
遺伝子の奇跡が生んだ名古屋出身のコーラス・デュオ。

【ビバップ】be-bop〔ジャンル〕
麻薬中毒の黒人ジャズマン同士の音によるスラングだったのだが、白人が学理分析して学術理論にしてしまった。よくあるパターンである。

【ビビ・ヴォーゲル】Bibi Vogel (1942-2004)〔人物〕
美人揃いで有名なブラジル'66の初代ボーカル。女優業もやってたが70年代に過激な政治活動をやって芸能界をホされた。

【B・B・キング】B. B. King (1925-2015)〔人物〕
ブルーズ3大キングの1人だが、なぜか他の2人は誰も知らない。ゴスペルの影響を受けた豪快な歌唱と完璧に洗練されたギターテクニックで、文字通りブルーズ界の帝王である。『Riding with the King』のジャケットやヴィデオを見てわかるとおりエリック・クラプトンなど運転手扱いである。

【Pファンク】P-Funk〔バンド〕
メンバーになると家を買ってもらえるという噂を聞きつけたミュージシャンがジョージ・クリントンの下に集い、メンバーが多い時で50人くらいいた。メンバー同士でお互いに名前を知らなかったり、会話をしたことがない、というケースも多々あったことだろう。

【ビー・フィフティ・トゥーズ】B-52's〔バンド〕

ニュー・ウェイヴ界のママス＆パパス。

【ヒプノシス】Hipgnosis〔グループ〕

ロンドンのアート集団。ピンク・フロイドやＺＥＰなど１９７０年代の英国を中心にロックアルバムのジャケットを多数手がけすぎて飽きられた。ホラーっぽいサイケさが淡い特徴だが、売れっ子をいいことに好き勝手に作っていたので、特徴の判別は難しい。

【姫神】ひめかみ〔人物〕

喜多郎の天敵。喜多郎のほうが知名度セールスともに上だが、姫神は世襲制なので、長い眼で見ると、どうなるかわかったものではない。

【P-MODEL】ぴー-もでる〔バンド〕

美術館に来るひと全員を見張っており、そのひとにどこかで会うと質問攻めにするそうである。

【ヒューイ・ルイス＆ザ・ニュース】Huey Lewis & The News〔バンド〕

カリフォルニアのハウンド・ドッグみたいなバンド。

【ヒューマン・ビート・ボックス】human beat box〔楽器〕

箱の中に閉じ込められた人間が、苦しさのあまり箱を叩いたり、七転八倒する音を楽器として使用する。猟奇的に過ぎるので、考案者は江戸川乱歩だろうといわれている。

【ビョーク】Björk Guðmundsdóttir (1965–)〔人物〕

イギリスで毎年行われる人気オナペットランキングは毎年毎年ビョークが１位を取り、面白くないので中止になった。

【ビヨンセ】Beyoncé Giselle Knowles (1981–)〔人物〕

歩く渋谷１０９。

【ピーラルラー】ぴーらるらー〔ジャンル〕

琉球で演奏される中国由来のチャルメラ音楽。なんという能天気で無責任な響きの名称であろうか。

【ビリー・アイドル】Billy Idol (1955–)〔人物〕
ジェネレーションXのボーカル。オリバー・ストーンの『ドアーズ』のジム・モリソン役に選ばれそうになった時は全世界からブーイングを浴びた。なぜあんなにブーイングされたのかは本人も筆者も、ブーイングしていた世界中のひとにも理由は不明である。

【ビリー・コブハム】Billy Cobham (1944–)〔人物〕
ズドドドドドドドドドド、スタラララッラタラツタラララララララ、チキチキチキチキチキチキドラストドンドラストドン、ダラララララララツタトコドドチーーーードドドドドドドドドドドドドドチッチードドドドスタラタタタタタタタツタラタラガシャーーーーーンチャカチャチャカチ、トゥラタタタタタタタターーーーー！

【ビリー・ジョエル】William Martin "Billy" Joel (1949–)〔人物〕
たしかアッティカとかいうオルガンとドラムのデュオのサイケハードロック・バンドをやってたが、その後すぐ、田中康夫の『なんとなく、クリスタル』に「ニューヨークの松山千春」と書かれていた。シルヴェスター・スタローンに似ているシンガーソングライター。

【ビリーバンバン】びりー－ばんばん〔グループ〕
今の今までビリーバンバンは双子だと思っていた。あやうくビリーバンバンは双子だと思い込んだまま死ぬところであった。

【ビリー・プレストン】William Everett "Billy" Preston (1946–2006)〔人物〕
天才オルガン少年として華々しくデビューし、ビートルズの6代目くらいのキーボーディストになった。ビートルズ解散後はソロで大当たりし、敬《けい》虔《けん》なキリスト教徒として素晴らしいレコードを作ったり、16歳の少年をレイプしたり、ザ・ローリング・ストーンズのツアーメンバーになったりして死んだ。

【ヒーリング・ミュージック】healing music〔ジャンル〕

このジャンルの音楽をうっとり聴いていると、玄米やら勾玉パワーストーンなどを売りつけられるから注意である。

【ビリンバウ】berimbau〔楽器〕

カポエイラという格闘技を行う時に使用される弓状の楽器。味方の格闘家が負けそうな時は、演奏者もこの楽器で応戦する。

【ビル・ワイマン】Bill Wyman (1936–)〔人物〕

ザ・ローリング・ストーンズの元ベーシスト。他のメンバーより年長者で、アンプも買えないメンバーにアンプを貸し与えたため、以降、他のメンバーはワイマンに対して常に敬語である。暴露本を出そうが、突然脱退しようが、一切お咎めなしである。

【琵琶】びわ〔楽器〕

琵琶奏者の後藤幸浩氏によると、ビートルズの『ノーウェジャン・ウッド』は琵琶独奏に最適の楽曲だそうである。通常、演奏者は全身にびっしり経を書く。耳にだけは書かないのが流儀とされる。

【ピンキーとキラーズ】ぴんきー‐と‐きらーず〔バンド〕

日本バンド史上、もっともキャッチーなルックスとキャッチーな楽曲で文字通り一世を風靡《ふうび》したJ-POPの金字塔である。デビュー曲『恋の季節』はなんと270万枚も売れた。わっすれられないの〜という歌詞であるが、忘れるわけはないのである。

【ピンク・ノイズ】pink noise〔電気〕
たいてい深夜、隣の新婚カップルの部屋から聞こえてくる。

【ピンク・フロイド】Pink Floyd〔バンド〕
毎年年末が近づくと、日本に来た外国人ヒッピーどもが「大晦日にマチュピチュ遺跡でピンク・フロイドがライヴをやる」だの「オーストラリアのエアーズロックでやる」だの「いや今年はピラミッドらしい」と根も葉もない噂を流すのが風物詩であった。

【ピンク・レディー】ぴんく-れでぃー〔グループ〕
人気絶頂期は1日の平均睡眠時間が1分だったという。激務でケイが倒れても、ミーが1人でツアーをしていた。その時飛行機から1人で降りてくるミーを筆者は伊丹空港で見たことがあるが、ミーの放つカリスマのオーラで空港全体の群衆が波を打っていた。

【ピンポン録音】ぴんぽん-ろくおん〔電気〕
卓球の試合の音を録音すること。

【ふ】

【ザ・フー】The Who〔バンド〕
モッズ族じゃないのにマネージャーに命じられてモッズファッションを無理やり着せられていたので、鬱憤《うっぷん》晴らしに楽器を破壊しまくったロンドンのバンド。売れてモッズファッションを着なくてもよくなると、楽器破壊はやめ、ファッションも元のダサ坊に戻った。

【ファズ】fuzz〔電気〕
電気的に魚河岸のひとの声を模するために開発されたエフェクト。おもにギターに使う。

【ファストコア】fastcore〔ジャンル〕
なんちゃらコアというジャンル名が数限りなくあるが、まとめて「パワー・ヴァイオレンス」と言うのだそうだ。それを早く言え、早く。

【ファットボーイ・スリム】Fatboy Slim〔ユニット〕
→【ビッグ・ビート】

【ファド】fado〔ジャンル〕
ポルトガルの民謡歌謡。物悲しい旋律に乗せて運命の悲哀を唄う。このことからポルトガルは抑鬱《よくうつ》質の国なのかと想ってしまうが、実際に行ってみると、コカインとＭＤＭＡにまみれて全裸で泡パーティをやってたりする。

【ファラオ・サンダース】Pharoah Sanders（1940-）〔人物〕
近年日本限定で再評価の機運が著しいジョン・コルトレーンの弟子。あまりにも日本で好待遇のため、日本に移住してヒガシマルうどんスープのＣＭに出演するのではないかと噂されているが、来たら来たで迷惑なものである。

【ファルセット】falsetto〔奏法〕
演説中のオバマ大統領の耳の穴に舌を突っ込むと、あの渋いバリトンが一転してファルセットになる。

【ファンカラティーナ】funkalatina〔ジャンル〕
偽ファンク、偽ラテンで開き直った音楽ジャンル。二兎追うものは一兎も得ずとはよく言ったもので、サンバ・ホイッスルを吹き鳴らし一時的に人気を博したものの、ものすごい勢いで衰退した。故今野雄二先生や内田春菊先生が布教していた。

【ファンキージャズ】funky jazz〔ジャンル〕
アート・ブレイキー&ジャズ・メッセンジャーズ

の『モーニン』は日本で大ヒットし、そば屋の出前のひとまであのフレーズを口ずさんでいたという。ヒットするとはそういう事態を指して言うのである。

【ファンク】funk〔ジャンル〕
ファンクという単語にはきわめて多面的な意味があるので説明や判別は困難である。しかしそれがファンクかどうかは石野卓球が拒否反応を起こすかどうかで判明する。

【ファンクメタル】funk metal〔ジャンル〕
ファンクとメタルを融合させたのであろう、これも二兎を追うものはなんとやらである。

【ファンファーレ】fanfare〔ジャンル〕
葬式の時に流すと怒られる。

【フィッシュ】Phish〔バンド〕
引き締まった高度な演奏技術と裏腹にそのだらしのないファッションで常に批判の的にされる長寿ヒッピー・バンド。

【フィッシュマンズ】ふぃっしゅまんず〔バンド〕
当初は忌野清志郎によく似た唄い方のボーカルのひとがいたレゲエっぽいバンドだったが、ダブ色が強くなってくるとカリスマ性を放つ偉いバンドになった。と思ったら忌野清志郎によく似た唄い方のボーカルのひとが謎の死を遂げ、カリスマ度は最高潮に達した。

【フィードバック】feedback〔奏法〕
「ハウリング」を音楽的に言い表した言葉。

【ザ・フィフス・ディメンション】The Fifth Dimension〔グループ〕

豪邸に住んでいそうな優雅な佇まいのコーラス・グループ。マリリン・マックーという絶世の美女がいる。90年代はホテルのラウンジで営業中の彼らをドサ回りであったが見かねたドナルド・トランプが、チャーター機を差しまわして、豪華ツアーをプレゼントした。

【フィラデルフィア・ソウル】Philadelphia soul〔ジャンル〕

水商売と芸能界の匂いを前面に打ち出したソウル。70年代にフィラデルフィアのシグマサウンドで大量生産された。

【フィル・イン】fill-in〔奏法〕

フィル・コリンズがドラムを叩きながら部屋に入ってくること。

【フィル・コリンズ】Philip David Charles "Phil" Collins (1951-)〔人物〕

ライヴエイド中継中に大西洋を横断して、コンコルド機の速さを全世界に宣伝し、ジェネシスを乗っ取った左利きドラマー。

【フィル・スペクター】Harvey Phillip Spector (1940-)〔人物〕

ロネッツやジョン・レノンのプロデューサー。すぐ発砲するので、共同作業するアーティストやスタッフは防弾チョッキ着用が必須である。

【フィルターハウス】filter house〔ジャンル〕

ハウスダストを除去するために空気清浄機を取り付けた家のこと。

【フィルモン】filmon〔音響機器〕
１９３７年に日本のメーカーが発明発売したフィルム式蓄音機。音質と長時間再生でＳＰ盤より優れていたが、あっというまになくなってホルモン焼きになった。

【フィル・ライノット】Phil Lynott (1949-1986)〔人物〕
ハードな外見とはうらはらに叙情溢れるメロディラインや深い詩世界の表現で世界的に有名なアイルランドの国民的カリスマ・ハードロッカー。しかしその実態は『マカロニほうれん荘』のトシちゃん25歳である。

【ザ・フィンガーズ】The Fingers〔バンド〕
三井財閥やブリヂストンなど上流階級の子弟たちによって結成されたグループサウンズ。ほかのＧＳよりメンバー一人あたりの命の値段が高い。

【笛】ふえ〔楽器〕
夜、蛇を呼び出すために開発された楽器。

【フェアポート・コンヴェンション】Fairport Convention〔バンド〕
イギリスの「赤い鳥」みたいなヒッピーフォークロック・バンド。

【フェイセズ】Faces〔バンド〕
スモール・フェイセスからスティーヴ・マリオットが抜け、比較的背の高いロッド・スチュワートとロン・ウッドが加入したため、「スモール」を取ってバンド名とした。ロッド・スチュワートが生意気なのでリーダーのロニー・レインが辞めたら、ロッド・スチュワートのバック・バンドに成り下がってしまい解散した。

【フェード・アウト】fade out〔電気〕
曲の終わりに音量を絞っていくこと。

【フェード・イン】fade in〔電気〕
早く音を絞りすぎたので、また元の音量に徐々に戻すこと。

【ブエナ・ビスタ・ソシアル・クラブ】Buena Vista Social Club〔バンド〕
キューバの素晴らしいミュージシャンが数十年の時を超え再び結集し、感動的な演奏を行ったが、ライ・クーダーが邪魔をした。

【フェラ・クティ】Fela Anikulapo Kuti (1938–1997)〔人物〕
「黒いＪＢ」の異名を持つアフロファンクの大統領。有刺鉄線で囲まれた自分の領土「カラクタ共和国」に立て籠もりパンツ一丁で政府軍と対峙していた。何時間も続く狂乱のライヴもすごいが、27人の女性と合同結婚式したりとあっちのほうもわれわれの常識をはるかに超えるものすごい人物だ。

【フェリックス・メンデルスゾーン】Jakob Ludwig Felix Mendelssohn Bartholdy (1809–1847)〔人物〕
ベルリオーズが大嫌いで、ベルリオーズの楽譜を触った後は、手を執拗《しつよう》に洗ったと伝えられている。

【フォーク・ギター】folk guitar〔楽器〕
「ＴＶジョッキー」に出演してミミズやゴキブリを食べたり、牛乳とコーヒーを飲んで目からコーヒー牛乳を出すともらえる弦楽器。

【フォーク・ソング】folk song〔ジャンル〕
商業主義とは無縁の民衆の間で歌われた民謡のこと。ボブ・ディランはフォーク・ソングで巨万の富を得てインチキ石油会社に投資し、莫大な財産を溶かした。

【フォークメタル】folk metal〔ジャンル〕
民衆の間で歌い継がれたヘヴィメタルのこと。

【フォークロック】folk rock〔ジャンル〕
自己顕示欲が暴走して、民衆の間で歌い継がれた民謡を大音量でがなりたてる音楽。

【フォリナー】Foreigner〔バンド〕
レコーディング済みの楽曲のイントロを数種用意

し、空港で「どのイントロがよいですか?」と市場調査してから、イントロを決定していたそうだ。ここまで商業主義に徹すると一種の爽快感がある。

【フォーリーブス】ふぉーりーぶす〔グループ〕

70年代のSMAP。

【フォルクローレ】folclore〔ジャンル〕

南米の民族音楽、『コンドルは飛んで行く』などアンデス地方のフォルクローレが有名である。コカインの使用が重要な要素であるところにディスコ・ミュージックと親和性がある。

【ブーガルー】boogaloo〔ジャンル〕

60年代に流行ったポップなラテンソウルのこと。90年代には渋谷のインクスティックでオリーヴ少女が踊りまくってた。

【ブギウギ】boogie woogie〔ジャンル〕

ジョン・リー・フッカーと笠置シヅ子とT・REXの共通項である。

【藤原義江】ふじわら−よしえ(1898–1976)〔人物〕

オペラ歌手。三井財閥をパトロンにして、万年赤字のオペラ団を率いて生涯帝国ホテルに住み続け、恋と歌に一生を捧げ莫大な金銭を浪費して死んでいった。まことに幸運な人物である。

【二村定一】ふたむら−ていいち(1900–1948)〔人物〕

昭和初期のゲイの人気歌手。お稚児《ちご》さんのような存在だった色川武大いわく自堕落の見本のような人物だったらしい。大酒を飲んで死んだ。

【ブーツィー・コリンズ】William "Bootsy" Collins (1951–)〔人物〕

実際にカセットテープが入って音が出るラジカセ型サングラスをかけて、四国の片田舎の高校生の度肝《どぎも》を抜いていた。甥っ子のスヌープ・ドッグ(現ライオン)の質素さとは好対照である。

【ブートレグ】bootleg〔一般〕

海賊のレコードやCDのこと。

→【アダム・アント】

→【ジョニー・キッド・アンド・ザ・パイレーツ】

【フー・ファイターズ】Foo Fighters〔バンド〕

ニルヴァーナで完全燃焼できなかったドラマーが始めてものすごく成功した。カート・コバーンが猟銃自殺しなかったらどうなってたのかと思うと恐ろしい。

【フュージョン】fusion〔ジャンル〕

ギタリストもベーシストもストラップが異常に短いジャンル。

【フューチャーポップ】futurepop〔ジャンル〕

「未来」とは謳っているが過去に流行ったシンセポップの一種。

【ブライアン・イーノ】Brian Peter George St John le Baptiste de la Salle Eno (1948-)〔人物〕

お化粧バンドにいたり、空港のBGMを作ったり、パソコンOSの音を作っているイギリス人だが、なんかもう、ものすごい頭の良い偉い人として祭り上げられている。

【ブライアン・ウィルソン】Brian Douglas Wilson (1942-)〔人物〕

ビーチ・ボーイズの創始者。精神が壊れていて人前に出せる状態ではないのに全世界から尊敬されていまも無理やりツアーさせられている。アムネスティは救出に向かえ。

→【ザ・ビーチ・ボーイズ】

【ブライアン・ジョーンズ】Lewis Brian Hopkin Jones (1942-

1969)〔人物〕
ミックとキースにイジメ殺されたザ・ローリング・ストーンズのスライド・ギター奏者。

【ブライアン・セッツァー】Brian Setzer (1959–)〔人物〕
→**【ストレイ・キャッツ】**

【ブライアン・フェリー】Bryan Ferry, CBE (1945–)〔人物〕
炭坑夫出身でスノッブの頂点を極めたロキシー・ミュージックのリーダー。故今野雄二先生の永遠の心の恋人。

【ブライアン・メイ】Brian Harold May, CBE (1947–)〔人物〕
ギターでシンセサイザーの音を出すクイーンのギタリスト。シンセサイザーみたいだねと褒《ほ》めると烈火のごとく怒るそうである。

【プライマル・スクリーム】Primal Scream〔バンド〕
過去のロックの遺産をリサイクルするのに長《た》けたエコロジー・バンドである。

【ザ・フライング・ブリトー・ブラザース】The Flying Burrito Brothers〔バンド〕
メキシコ料理が日本に普及する以前は「フライング・バリトー・ブラザース」と呼ばれていた。バリトーとはなにごとか、バリトーとは。

【フラジオレット】flagioletto〔奏法〕
各種倍音を出す奏法。倍出してもギャラは倍にならないので演奏家からは不評である。

【プラズマティックス】PLASMATICS〔バンド〕
ニューヨークのお色気ハードコアパンク・バンド。ボーカルの女のひとが全裸に近い格好でチェーンソーでギターを真っ二つにしたりバスを爆発させたりしたのだが、あまり人気は出なかった。

【ブラスロック】brass rock〔ジャンル〕
ホーンセクションを使ってド派手な音を出す一群のバンド。しまいにはトランペットのみ4台のチェイスという、編成を聞いただけで難聴になりそうなバンドまで現れた。

【ブラック・コンテンポラリー】black contemporary〔ジャンル〕

紫色のラメ入りスーツとか着て、アイパーがロン毛になりかけた気色の悪い髪形の黒人歌手が唄う、時間軸的にソウルとアーランビーの間に位置するジャンル。

【ブラック・サバス】Black Sabbath〔バンド〕

バーミンガムの優秀なブルーズロック・バンドであるだけでは売れないのである。悪魔信仰とかのギミックが必要なのである。

【ブラック・ミュージック】black music〔ジャンル〕

バッハとか雅楽以外はもう全部なにかしら黒人音楽の影響があると言ってみようか！

【ブラックメタル】black metal〔ジャンル〕

昔、くろがね学習机というのがあったな。

【ブラッド・スウェット・アンド・ティアーズ】Blood, Sweat & Tears〔バンド〕

ビル・グラハムの本によると、グルーピーの容姿が非常に悪かったそうだ。

→【ブラスロック】

【フラメンコ】flamenco〔ジャンル〕

リズムが複雑なので観客は手拍子を打ってはいけないらしい。大きなお世話である。

【フランキー堺】ふらんきー－さかい（1929–1996）〔人物〕

フランキー・ジェット・シティというバンドでドラムを叩いた。川島雄三監督の映画『幕末太陽傳』でも品川遊郭でドラムの腕前を披露した。

【フランキー・ナックルズ】Francis Nicholls（1955–2014）〔人物〕

フランキー・ナックルズの発言はすべてオネエ言葉で翻訳するべきである。

【フランク・ザッパ】Frank Vincent Zappa (1940–1993)〔人物〕
アンチ・ドラッグという逆張りをしたのでドラッグ・ムーヴメントが盛り上がれば盛り上がるほど注目を浴びた。大変頭の良いバンド・リーダー。

【フランク・シナトラ】Francis Albert "Frank" Sinatra (1915–1998)〔人物〕
マフィアと繋がりがあるので、調子に乗って迂闊《うかつ》なことは書けない。『ゴッドファーザー』みたいに馬の首をベッドに投げ込まれても知らんぞ。

【フランス・ギャル】Isabelle Geneviève Marie Anne Gall (1947–)〔人物〕
セルジュ・ゲンズブールにフェラチオの暗喩《あんゆ》の歌を唄わされ、精神に異常をきたした。ひどいことをするものである。その後、精神は普通に戻った。よかったよかった。ゲンズブールは許さんぞ。

【ブランド - X】Brand-X〔バンド〕
ものすごく演奏の上手いイギリス人が集まってものすごい演奏をしたがぜんぜん売れないのでフィル・コリンズをフロントマンに迎えて売り出した。やはり売れなかったが、ものすごい演奏は続けた。

【フリー】Free〔バンド〕
ロンドンのティーンエイジャーによるブルーズロック・バンド。昔2代目ケンちゃんやあばれはっちゃくによるPTAというお子様バンドがあったがあのようなものであろう。

【フリオ・イグレシアス】Julio Iglesias (1943–)〔人物〕
セレブ歌手。実際に一族皆セレブで、親父は身代金目的にバスクの武装テロ組織に誘拐された。それ以外はまったく問題のないビューティフルな人生を送っている。レコードは3億枚売れた。いうことなしである。

【フリー・ジャズ】free jazz〔ジャンル〕
「ジャズっぽさ」が最大限に要求される、教条主義でがんじがらめのジャンルである。

【プリセット】preset〔一般〕
何時間も音色作りにハマったオペレーターが精根尽き果てて最終的に押すボタン。

【フリッパーズ・ギター】ふりっぱーず－ぎたー〔バンド〕
暴走族の天敵である。

【ブリティッシュトラッド】british trad〔ジャンル〕
イギリスの民謡。著作権がないので好き放題パクったボブ・ディランやポール・サイモンを億万長者にさせてしまった。

【フリートウッド・マック】Fleetwood Mac〔バンド〕
最初はロンドンの渋いブルーズ・バンドであったが、メンバーチェンジを繰り返したあげく、巨大な多国籍産業ロック集団となり巨万の富を得た。数々のスキャンダルや内紛を果てしなく繰り返したが、結成から解散まで在籍していたのは目立たないメンバーだった。

【フリーフォーム・ハードコア】free form hardcore〔ジャンル〕
フリーフォームなのにハードコアと限定させている禅問答みたいなジャンル。

【プリ・プロダクション】pre production〔一般〕
スタジオ代節約のために行われる外部作業。たいてい本番より出来がよいのが普通である。

【プリマドンナ】PreMadonna〔名〕
デビュー以前のマドンナ。

【フリューゲルホルン】flugelhorn〔楽器〕
「これはトランペットじゃないよ、フリューゲルだよ」などと利いた風なことを言うと嫌われるオタク金管楽器。

【プリンス】Prince Rogers Nelson (1958-2016)〔人物〕
怒ると踊る癖がある。初来日の時、空港で報道陣はＮＧという通告が行き届かず、報道陣が成田に殺到。フラッシュの洪水の中、プリンスは猛烈に踊りながらゲートから出てきた。報道陣はそれを大サービスと受け取り、なおもフラッシュを焚きまくった。プリンスはますます激しく踊りだし、スタッフは失神した。

【ブリンズレー・シュウォーツ】Brinsley Schwarz〔バンド〕
→**【リーダーがどこにいるのかわからないバンド】**

【プリンセス・プリンセス】ぷりんせす－ぷりんせす〔バンド〕
バブルの頃に人気のあった女性バンド。かわいらしい外見とは裏腹に全員ヘビー・スモーカーで、全員生理日なのに日本武道館で白熱のライヴを繰り広げたりした。

【ブルー・アイド・ソウル】blue eyed soul〔ジャンル〕
ライチャス・ブラザース、ソウル・サバイバーズ、ヤング・ラスカルズ、ミッチ・ライダーなどみんな目は青くないのに不思議なジャンル名である。

【ブルーグラス】bluegrass music〔ジャンル〕
乾燥がまだ終わっていないマリファナのこと。

【ブルーズ】blues〔ジャンル〕
みんなが綿花《めんか》畑で奴隷同然に働いている時に、なまけてギター弾いて唄ってばかりいるので、追放され貨物列車に乗って放浪したり、野垂れ死にするうちにできた悲哀の音楽。自業自得である。

【ブルース・スプリングスティーン】Bruce Springsteen（1949-）〔**人物**〕
代々木体育館公演で満場の日本人に『Born in the U.S.A.』を大合唱させたのだから、もうむちゃくちゃである。

【ザ・ブルース・ブラザース】The Blues Brothers〔バンド〕
昔は5000人動員できるほど人気があったのだがリードボーカルの片割れがムショに入ってしま

ふ

ったので、残りのメンバーは散り散りになり、ラウンジのハコバンやったり、音楽をやめて超高級フランス料理店のウェイター長になったり、怖い女房とハンバーガー・スタンドを経営したりしている。もうすぐ相棒がムショから出てくるそうだぜ！

【ブルーズロック】blues rock〔ジャンル〕
長髪の白人の若者が、黒人ブルーズのフィーリングを上手く表現できないので、癇癪《かんしゃく》をおこし、髪を伸ばしてサイケデリックな服を着てやけくそになって大音量でブルーズをカバーした。そうしたら、それがなかなか良かった。なにごとも結果オーライである。

【フルテン】ふる‐てん〔電気〕
アンプのメモリを目一杯右に回すこと。目盛りはだいたい10までなのだが、スパイナル・タップのギタリストのアンプは目盛りが「11」まである。

【フルート】flute〔楽器〕
フルートを練習しようと思って、フルートと教則ヴィデオを買ってきた。教則ヴィデオのひとが劈《へき》頭《とう》「唇の厚いひとは向きません」と言っていたので気が萎《な》えた。ひどい教則ヴィデオである。

【ブルーノート】blue note〔楽典〕
短3度の音が平均律よりかなり下がる、特殊な音程。ピアノでこれを出そうと思ったら、ミシシッピーの綿花畑から調律師を呼んでこなければならない。

【ザ・ブルーハーツ】ざ‐ぶるーはーつ〔バンド〕
→【幸福の科学】
→【阿含宗】

【ブレイク】break〔一般〕
ジャムセッションでは絶対に起こらない合奏技法。

【ブレイクコア】breakcore〔ジャンル〕

ふ

ハードコア・バンドが非常に売れて紅白歌合戦に出演するようになること。

【ザ・ブレッカー・ブラザーズ】The Brecker Brothers〔バンド〕

ジャズフュージョン界の藤子不二雄である。

【ブレッド】Bread〔バンド〕

全米チャートに大ヒット曲をいくつも残すものすごい作曲能力、メンバー全員が卓越したマルチ・プレイヤー、全曲をメンバーがプロデュースし、演奏、コーラスまでするという70年代の西海岸でもっとも才能のあったバンドなのに「軟弱」のひとことで歴史から葬り去られている。

【フレディ・キング】Freddie King (1934–1976)〔人物〕

ブルーズ3大キングの中で一番目立たないが一番でかい。十八番の『ハイダウェイ』はエリック・クラプトンにコピーされ有名であるが、この曲、元ネタはハウンド・ドッグ・テイラーなので、ふたりともハウンド・ドッグ・テイラーから命を狙われた。

【フレディ・マーキュリー】Freddie Mercury (1946–1991)〔人物〕

クイーンのボーカルである。ゲイという噂が一部にあるが本当だろうか?

【フレデリック・ショパン】Frédéric François Chopin (1810–1849)〔人物〕

ショパンの葬送行進曲は最後のほうで長調になる箇所がある。「生命保険金が入る!」と一瞬喜んだ気持ちを表現しているのである。

【プレミアータ・フォルネリア・マルコーニ】PFM〔バンド〕

イタリアで一番国際的に成功したロックバンドじゃね？　ニュー・トロールズというバンドも面白いのだが。

【フレンチコア】frenchcore〔ジャンル〕
でた、コア。

【フレンチポップス】french pops〔ジャンル〕
なぜか日本で異常に人気のあるジャンル。オリーブ少女御用達なので、暴走族や赤文字ギャルは聴かない。

【プログレッシヴトランス】progressive trance〔ジャンル〕
だいたい「ニュー」とか「ネオ」とか「プログレッシブ」と銘打たれているものほど風化が早く激しいものである。

【プログレッシヴハウス】progressive house〔ジャンル〕
だいたい「ニュー」とか「ネオ」とか「プログレッシブ」と銘打たれているものほど風化が早く激しいものである。

【プログレッシヴメタル】progressive metal〔ジャンル〕
だいたい「ニュー」とか「ネオ」とか「プログレッシブ」と銘打たれているものほど風化が早く激しいものである。

【プログレッシヴロック】progressive rock〔ジャンル〕
ヘヴィメタルを「ヘビメタ」と略すとメタル・ファンは気分を害すが、プログレッシヴロック・ファンは「プログレ」と略されても怒らない。プログレはクラシックの素養や訓練、膨大な量の高価な楽器群が必要で基本的に金持ちの音楽である。金持ちは心に余裕があり寛容さを示せるのである。

【プロコル・ハルム】Procol Harum〔バンド〕
元はパラマウンツというB級R&Bバンドだったが、泣かず飛ばずで解散。ゲイリー・ブルッカーが『青い影』を作ったら超特大のメガヒットで、昔の仲間を呼び戻してプロコル・ハルム結成と相成った。泣ける話である。しかしその後は内紛が絶えず、メンバー交代を繰り返した。よくある話である。解散後ゲイリー・ブルッカーはエリック・クラプトン・バンドのバンマスに収まったが、『青い影』の印税のおかげで、エリック・クラプトンより金持ちだった。

【ブロック・パーティ】block party〔一般〕
ゲットーの住人がブロックを投げ合う危険なパーティ。

【ザ・プロディジー】The Prodigy〔バンド〕
世界中で大ブレイクしたイギリス屈指のテクノバンド。としかいいようがない。

【プロデューサー】producer〔一般〕
予算管理をするひとのことだが、日本の音楽シーンではスタジオで出前を注文するひと、くらいに成り下がっている。

【プロフェッサー・ロングヘア】Professor Longhair (1918–1980)〔人物〕
「教授」と名乗っているピアニストだが、坂本龍一とはほとんど接点がない。

【ブロンディ】Blondie〔バンド〕
ヒトラーの愛犬の名前である。
→【デボラ・ハリー】

【ブンブンサテライツ】ぶんぶん‐さてらいつ〔バンド〕
世界市場向けのB'zである。

【へ】

【ベイ・シティ・ローラーズ】Bay City Rollers〔バンド〕
70年代、とにかくものすごい人気があって、うちの姉貴などパット・マグリンにプレゼントを渡すために空港まで行っていた。楳図かずおの『まことちゃん』ではリードギターのエリックは名古屋の豆腐屋という設定である。

【ヘヴィメタル】heavy metal〔ジャンル〕
「ヘビメタ」と略すとメタル・ファンは怒る。

【ヘヴィロック】heavy rock〔ジャンル〕
パフォーマンスに蛇を使うアリス・クーパーやホワイトスネイクがその筆頭であろうか。

【ベース・ミュージック】bass music〔ジャンル〕
1オクターブ高いものはピッコロベース・ミュージックと呼ばれる。テクニシャンの者は5弦ベース・ミュージック、6弦ベース・ミュージックなどを演奏する。

【ベース・ライン】bass line〔楽典〕
iPhone の内蔵スピーカーからは聴こえてこない旋律。

【ベック】Beck Hansen (1970–)〔人物〕
→【サイエントロジー】

【ヘッドフォン】headphone〔電気〕
スタジオで演奏に集中しているミュージシャンに出前が届いたことを知らせる装置。

【ヘリコプター弦楽四重奏曲】へりこぷたー・げんがくしじゅうそうきょく〔楽曲〕
カールハインツ・シュトックハウゼンの曲。当初はオスプレイ2機で演奏される予定であったが、左翼運動化のアツリョクで4機のヘリコプターに変更した。

【ヘルベルト・フォン・カラヤン】Herbert von Karajan (1908–1989)〔人物〕
CDの収録時間74分42秒はヘルベルト・フォン・カラヤン指揮による『ベートーベン交響曲』第9番の演奏時間をもとに決められた、という俗説がある。もしグレイトフルデッドのバークレイ・コミュニティシアター公演をもとに決められていれば、CDの直径は60センチくらいになっていただろう。

【ヘロイン】heroin〔薬物〕
チャーリー・パーカーの素。

【ヘロン】HERON〔バンド〕
イギリスのフォークロック・グループ。屋外の野原で録音していたことで有名。雨が降ると機材が濡れ弁償代で解散、レゲエ・バンドになった。

【変則チューニング】へんそく-ちゅーにんぐ〔楽器〕
チューニングの狂いを指摘された時の言い訳である場合がほとんどである。

【ペンタトニック・スケール】pentatonic scale〔楽典〕
ほとんどのリード・ギタリストはこのスケールを覚えると、満足してそれから先は進歩しなくなる悪魔の旋法である。

【ペンタングル】Pentangle〔バンド〕
イギリスのトラッド・フォークロック・バンド。フェアポート・コンヴェンションの好ライヴァルだが、幾分サウンドは陰鬱《いんうつ》である。ライヴにおいてはジョン・レンボーンとバート・ヤンシュの取っ組み合いの喧嘩が見られるかもしれないというスリルがあって人気を博した。

【ザ・ベンチャーズ】The Ventures〔バンド〕
2010年旭日小綬章を受章した。

【変調】へんちょう〔電気〕
ドラッグのやりすぎで幻覚に追われて屋上から飛び降りたり、ファンの女の子をのこぎりで切り刻んだり、スタジオに放火したりすること。

【変拍子】へん-びょうし〔楽典〕
黒人音楽にはない、白人御用達《ごようたし》の拍子。

【ベン・フォールズ・ファイヴ】Ben Folds Five〔バンド〕

90年代のビリー・ジョエル。

【ほ】

【ボアダムス】 ぼあだむす〔バンド〕

皆《かい》既《き》日蝕《にっしょく》の時に大活躍するバンド。皆既日蝕はめったに起こらぬ珍しい現象なので、夏になるたびに売れるベンチャーズやTUBEと比べるとセールス的に不利である。

【ホアン・アトキンス】 Juan Atkins（1962–）〔人物〕

「デトロイト」という語感には「アンドロイド」「アステロイドベルト」「デトマソパンテーラ」「デストピア」等、そういう男の子心をくすぐるシリアスで硬質なSF的イメージを喚起する響きがある。そういう語感から醸成されたイメージ複合体がテクノの隆盛に関与しているのではないか。

【ボイジャーのゴールデンレコード】 Voyager Golden Record〔宇宙開発〕

ボイジャー探査機に搭載された宇宙人向けレコード。数枚しかプレスされてないのにゴールド・ディスクである。ビートルズの『Here Comes the Sun』が収録予定であったが、ライセンスに厳しいEMIはこれを拒否した。

【ボーイ・ジョージ】 George Alan O'Dowd（1961–）〔人物〕

カルチャー・クラブのボーカル。後年麻薬依存症に陥り、エリック・クラプトンやピート・タウンゼントが中毒を克服することができた「ブラックボックス治療法」を試みるものの、まったく効き目がなかったという。

【ボーイズタウン・ギャング】Boys Town Gang〔バンド〕
『君の瞳に恋してる』の大ヒットで知られるゲイ・ユニット。スタッフ全員AIDSで死んだというから、たいしたものである。

【ホイットニー・ヒューストン】Whitney Elizabeth Houston (1963-2012)〔人物〕
あまりにも売れすぎたため、ものすごい勢いで急降下して地面に激突して死んだ。首都高速で車の窓から何千万円もする指輪を投げ捨てたことで有名。

【ポインター・シスターズ】Pointer Sisters〔グループ〕
クロいクロい「漆黒のパフューム」といった趣の女性3人組コーラス・グループである。

【BOØWY】ぼうい〔バンド〕
群馬の8ビートバンド。横ノリとかファンクとかとは無縁である。日本の田園地帯で大人気を博した。

【邦楽】ほう-がく〔ジャンル〕
NHK・FMの聴取率が上がらない最大の原因が午前11時20分からの「邦楽のひととき」である。

【ボーカロイド】vocaloid〔技術〕
歌声合成ソフトは昔からあったのだが、初音ミクを擁したヤマハの当ソフトが席捲した。進化に進化を重ね洗練に洗練を重ねている技術であるが、シンセやリズムマシン同様「初期型の原始的な味」がもてはやされるようになるに違いない。

【ホークウインド】Hawkwind〔バンド〕
モーターヘッドのレミーが在籍していたしっちゃかめっちゃかなLSDバンド。局部をあらわにして踊り狂うものすごい巨乳の美人ダンサー、ステイシアはスロッビング・グリッスルのコージーと並んでおれの永遠のアイドルである。

【北欧メタル】ほくおう-めたる〔ジャンル〕
対立バンドのメンバーを殺したり、教会に放火したりしないと成立しないので、なかなかハードルが高いジャンルである。

【ポコ】 Poco〔バンド〕

メンバーの入れ替わりが新宿駅の改札並みに激しいカリフォルニアのカントリーロック・バンド。

【ボサノヴァ】 bossa nova〔ジャンル〕

室内で肉声で小さい音で演奏すればするほど感じが出るブラジルの音楽。全世界で大流行しスタジアムなどでコンサートが行われた。

【ボズ・スキャッグス】 Boz Scaggs (1944–)〔人物〕

ミスターAOR、AORバカ一代、AORに生涯を捧げているシンガー。

【ポスト・パンク】 post punk〔ジャンル〕

シンセ抜きのニュー・ウェイヴ。

【ポスト・パンク・リヴァイヴァル】 post punk revival〔ジャンル〕

シンセ抜きのニュー・ウェイヴがまた流行ったということであろう。

【ポスト・ロック】 post rock〔ジャンル〕

この言葉を使うとインテリ音楽ファンと思われる。そのうちまた再流行して「ネオ・ポスト・ロック」とか「ネオ・ポスト・ロック・リヴァイヴァル」みたいなのが現れるのは必至である。

【ボストン】 Boston〔バンド〕

ハードロック界のマッドサイエンティスト、トム・シュルツがすべてを取り仕切る、ハードロック界のスティーリー・ダン。

【ホセ・フェリシアーノ】 José Feliciano (1945–)〔人物〕

プエルトリコのスティーヴィー・ワンダー。

【細野晴臣】 ほその – はるおみ (1947–)〔人物〕

日本一髪の長いベーシストとしてデビューし、後年それに反発してもみ上げをそり落としてYMOを結成した。

【蛍の光】ほたる-の-ひかり〔楽曲〕
どんなに盛り上がっているディスコでも、日本人ならこの曲が流れたとたんピタリとダンスを止め家に帰る。集団催眠の傑作である。

【ホットロッド・ミュージック】hot rod music〔ジャンル〕
サーフロックとホットロッドの違いは小林旭の「渡り鳥シリーズ」と「旋風児シリーズ」の違いである。つまりほとんど同じということ。

【ポップパンク】pop punk〔ジャンル〕
シド・ヴィシャスを反面教師としたパンク。

【ポップフォーク】pop folk〔ジャンル〕
バルカン風味のポップソングのこと。ママス&パパスや森山良子とは関係がない。

【ボ・ディドリー】Bo Diddley (1928-2008)〔人物〕
ボ・ディドリー・ビートと四角いギターという誰も思いつかなかった新機軸を発明した。まさに発明家である。

【ボディ・パーカッション】body percussion〔楽器〕
DV旦那や体罰教師、プロレス会場や空手道場でのライヴ録音盤が有名である。
→【豊登】

【ボトルネック奏法】bottleneck guitar〔奏法〕
ここから先は難しくて挫折して楽器をあきらめるひとが多くなる奏法のこと。

【ボビー・ウーマック】Bobby Womack (1944-2014)〔人物〕
白人ロッカー界に受けのよい黒い黒いゴスペルソウル歌手。晩年は自分のことをサム・クック本人だと信じ込んでいた。2013年のグラストンベリー公演の圧倒的なパフォーマンスを観る限りでは、死後クック襲名もありではないかと思う。

【ポピュラー音楽】ぽぴゅらー - おんがく〔ジャンル〕
ポピュラーになった音楽、またはポピュラーになり損ねたまたは誰かがポピュラーにしてやろうと画策した音楽。

【ボブ・ディラン】Bob Dylan (1941-)〔人物〕
採譜者を発狂させる唱法で有名になった吟遊詩人。有名になってからはバイクですっ転んだり、インチキ石油会社に投資して大金をスったり、六本木で倍賞美津子と踊ったりした。２０１６年ノーベル文学賞を辞退しようとしたが、ジャン＝ポール・サルトルの真似と思われるのがイヤで受賞した。

【ボブ・ニューワース】Bob Neuwirth (1939-)〔人物〕
ボブ・ディラン、ジム・モリソン、イーディ・セジウィックなど、マネージャーの手に負えない、奇矯《ききょう》なスターをコントロールする時にファーストコールで呼ばれる男。ついでにマンマとイーディをオトした。

【ボブ・マーリー】Robert Nesta Marley (1945-1981)〔人物〕
ジャマイカ人歌手。避妊をしないことで有名なので不二ラテックスやオカモトの社内では視聴禁止になっている。

【ホーミー】khoomii〔楽器〕
沖縄ではなぜか「モンゴルの喉うた」と言葉を濁される唱法。

【ホーランド・ドジャー・ホーランド】Holland-Dozier-Holland〔グループ〕
筒美京平と阿久悠と都倉俊一がチームを組んだようなもので無敵である。モータウンの社長と大喧嘩をして負けた。

【ザ・ホリーズ】The Hollies〔バンド〕
グラハム・ナッシュという稀代の名ヒットメーカーをクビにしながらも、感動的な名曲を生み出し続けた、英国ロックの偉大なバンド。

【ザ・ポリス】 The Police〔バンド〕

カンタベリー・シーン最大のヒットバンドである。

【ポリリズム】 polyrhythm〔一般〕

1人が16ビートで、もう1人が15ビートでテンポを合わせて合奏すると241小節目アタマでビートが合う。しかしその頃には曲が終わっているであろう。

【ポール・ウェラー】 John William Weller (1958–)〔人物〕

ユーモアのカケラもないマジメなマジメなモッズ歌手。息子が日本でヴィジュアル系になり卒倒した。

【ポルカ】 polka〔ジャンル〕

→**【グッドモーニング・ベトナム】**

【ポール・クック】 Paul Cook (1956–)〔人物〕

文盲疑惑のあるセックス・ピストルズのドラマー。スティーヴ・ジョーンズと2人で一つの人格である。

【ポール・コゾフ】 Paul Kossoff (1950–1976)〔人物〕

小鬼のような風貌のブルーズ・ギタリスト。星加ルミ子とすきやきを食べた後、ヘロインの過剰摂取で死んだ。

【ポール・サイモン】 Paul Frederic Simon (1941–)〔人物〕

アメリカの井上陽水。

【ポール・サミュエル＝スミス】 Paul Samwell-Smith (1943–)〔人物〕

黒い弦のベースを弾くことで四国の中学生の間で話題になったヤードバーズのベーシスト。

【ポール・マッカートニー】 Sir James Paul McCartney, MBE (1942–)〔人物〕

なんだこの称号の多さは。そんなに偉い人物なのか。

ほ

【ポール・モーリア】Paul Mauriat (1925–2006)〔人物〕
→【死んだ後も本人の名前のビッグバンドが世界中を巡業しているバンドリーダー】

【ボレロ】Bolero〔楽曲〕
水戸黄門のテーマソングで使われたリズム。ラヴェルやショパンはこれにインスパイアされた。

【ホワイトアルバム】White Album〔アルバム〕
アップルの経営が暗礁に乗り上げ、印刷代を節約するために真白のまま発売されたビートルズの2枚組。小野洋子色がもっとも濃く出た後期ビートルズ作品。

【ザ・ホワイト・ストライプス】The White Stripes〔バンド〕
姉弟デュオという触れ込みでデビューし全世界で大絶賛され、実は元夫婦だったとカミングアウトしたバンド。

【ホワイトスネイク】Whitesnake〔バンド〕
夜中に口笛を吹くとこのバンドが現れる。

【ホワイト・ソウル】white soul〔ジャンル〕
アルビノの黒人歌手によるソウル。

【ホワイト・ノイズ】white noise〔電気〕
アルビノのミュージシャンによるノイズ。

【ボンゴ】bongo〔楽器〕
X脚を強制する器具。叩くと音が出るので打楽器としても使用できる。

【ボン・ジョヴィ】Bon Jovi〔バンド〕
よく聴くと黒い。ポール・ロジャースの影響だろうか？　全世界で10億枚くらい売れているのでそんなことはどうでもよいのであった。

【ボンゾ・ドッグ・バンド】The Bonzo Dog Band〔バンド〕
モンティ・パイソンのバンド版。

【ま】

【マイクプリ】まいくぷり〔機材〕

なんのためにそんな高価な機材を大事にしているのかわからないのだが、プロのエンジニアが偏執的にこだわっているデリケートな部分なので、素人は口出ししてはいけない。

【マイク・ブルームフィールド】Michael Bernard "Mike" Bloomfield (1943-1981)〔人物〕

シカゴ出身のユダヤ系名ブルーズ・ギタリスト。生きていたら『ブルース・ブラザース』に出演していたかもしれないが、直前に車の中で腐乱死体で発見された。

【マイク・ラヴ】Michael Edward Love (1941-)〔人物〕

ブライアン・ウィルソンの天敵。ビートルズとインドに行って悟りを開いたが、依然ブライアンとは天敵同士である。

【マイクロフォン】microphone〔電気〕

音を録る以外にも、司会者から奪って殴る、振り回して最前列の野次を飛ばす客を殴る、など様々な用途がある。

【マイケル・シェンカー・グループ】Michael Schenker Group: M.S.G.〔バンド〕

「MSG」とは化学調味料のことであるが、通は「エムシェン」と呼ぶ。途中からボーカルにロビン・マッコリーが参加し、マッコリー・シェンカー・グループと改名したが、バンドの略号が変わらなかったことで世界はその奇跡に驚いた。マジソン・スクエア・ガーデンでライヴをしたことはあるのだろうか？

【マイケル・ジャクソン】Michael Joseph Jackson (1958–2009)〔人物〕

世界一有名なチンパンジー「バブルス」の飼育係。月面を歩き「1人の人間にとっては小さな1歩だが人類にとってはロボットダンスと同じくらい難しいことだ」と言った。

【マイケル・シュリーヴ】Michael Shrieve (1949–)〔人物〕

映画『ウッドストック』で驚異的なドラムソロを披露し一躍世界的な有名人になったが、映画が終わると普通人に戻ったサンタナのイケメン・ドラマー。

【マイケル・マクドナルド】Michael McDonald (1952–)〔人物〕

スティーリー・ダンを乗っ取ることができなかったので、ドゥービー・ブラザーズを乗っ取ったシンガー。

【マイナー・キー】minor key〔楽典〕

珍しいので一般にはほとんど知られていない調。

【マイナー・コード】minor chord〔楽典〕

珍しいので一般にはほとんど知られていない和音。

【マイ・ブラッディ・ヴァレンタイン】My Bloody Valentine〔バンド〕

『ロッキンオン』誌が社運を賭けて猛宣伝したため日本で一定の人気が出たバンド。

【マイルス・デイヴィス】Miles Dewey Davis III (1926–1991)〔人物〕

ビル・グラハムがマイルスに出演オファーをしたところ、ダライラマに謁見するより難しかったそうだ。まず半年前にマネージャーの弁護士と連絡をし、打ち合わせを重ねた上でマネージャーと面接をし、後日突然呼び出され「角の電話ボックスの中で待て」「高速道路を西に向かって時速100キロで走れ」などと振り回された挙句、やっとマイルスに会えるようになった。「私はあなたの『スケッチ・オブ・スペイン』が無人島レコードです」「あなたが出演しない限り私の小屋は二流だと同業者に言われています」などと熱烈に説得したところ、マイルスはひとこと「ファック！」と言い放って奥の部屋に消えた。マネージャーの説明によると「ファック」はマイルス語で「ＯＫ」の意味なのだそうだ。70年代に愛弟子ハービー・ハンコックが某日蓮宗系団体への入信をしつこく勧めたため隠遁したが折伏が沈静化したので80年代には復帰した。

【マーヴィン・ゲイ】Marvin Pentz Gay, Jr. (1939–1984)〔人物〕

9頭身くらいある母性本能くすぐり系のハンサムなソウル歌手。女装した父親に射殺された。

【マウンテン】Mountain〔バンド〕

山と溪谷社の創立記念パーティに出演しないのだろうか？

【マキナ】makina〔ジャンル〕

スペイン風味のトランス音楽。おおかた闘牛や賭けハイアライのＢＧＭにでも使うのだろう。

【マーク・ボラン】Marc Bolan (1947–1977)〔人物〕

元男娼の英国人モッズミュージシャン。ティラノザウルス・レックスを結成するも頭脳警察に真似され、Ｔ・ＲＥＸに改名すると今度はマルコシアスバンプに真似されて散々であった。

【マザー・グース】Mother Goose〔童謡集〕

中世以来のオリジナルは50曲くらいだったのに、超ロングセラーになると、新曲が殺到し１０００曲くらいになった。あさましいにもほどがあるというものである。

【ザ・マザーズ・オブ・インヴェンション】The Mothers of Invention〔バンド〕
フランク・ザッパ率いるバンド。レニー・ブルースの最終公演の共演者であるというだけで永遠の伝説バンドである。

【エム・エフ・エス・ビー（マザー・ファーザー・シスター・アンド・ブラザー）】MFSB〔バンド〕
フィラデルフィアソウルを支えたスタジオ・ミュージシャン軍団。正式な名称は「マザー・ファッカー・サノバビッチ」だといわれている。
→**【サルソウル・オーケストラ】**

【マジソン・スクエア・ガーデン】Madison Square Garden〔一般〕
ニューヨークのペンシルヴェニア駅の中にある元祖「エキナカ」施設である。「人間発電機」ブルーノ・サンマルチノとスライ・ストーンの本拠地である。

【マジック・サム】Magic Sam (1937–1969)〔人物〕
レコードを数枚しか出していないのに、異常な人気のある夭折《ようせつ》のブルーズ・ミュージシャン。レコード会社の宣伝手腕こそが「マジック」である。

【マージー・ビート】merseybeat〔ジャンル〕
ブライアン・エプスタインに情欲を掻き立てられた男の子たちバンドの総称である。

【マーシャル】marshall〔アンプ〕
全身にマーシャルアンプのボディペイントしたギタリストが3段積みマーシャルアンプの前に立って「あ！　ギタリストが消えた！」というイリュージョンを考案したのはおれ。

【マスタリング】mastering〔電気〕
失敗作を創作中のミュージシャンの最後の駆け込み寺。もちろんどうにもならない。

【マーチ】march〔ジャンル〕

集団を一定のリズムで行進させる曲のこと。例年3月に演奏されることが多い。

【マックス・ロメオ】Maxwell Livingston Smith（1947–）〔人物〕
夢精の歌で大ヒットを飛ばし、その後夢精歌手のイメージがこびりついたままハードコア・ラスタになった三白眼のレゲエ歌手。

【マッシヴ・アタック】Massive Attack〔バンド〕
暗い、暗い、英国の山崎ハコの如きただひたすら陰鬱《いんうつ》なバンド。

【マッチング・モール】Matching Mole〔バンド〕
ロバート・ワイアットがクビになったソフト・マシーンへの未練のためだけに結成したバンド。他のメンバーはいい迷惑である。

【マッドチェスター】madchester〔ジャンル〕
映画『24 Hour Party People』を見ればわかるとおり、このムーヴメントで一番得をしたのはニュー・オーダーで、一番面白いのはハッピー・マンデイズである。

【マッドネス】Madness〔バンド〕
芋虫《いもむし》ダンスを流行らせた本田技研工業御用達《ごようたし》のスカバンド。『だんご3兄弟』とは無関係。

【松本隆】まつもと－たかし（1949–）〔人物〕
日本中の金融資産の半分を集めたといわれるほど印税で稼いだ元ドラマーの作詞家。「風街」に住んでいるらしい、さぞかし風が強いのであろう。室戸岬のあたりだろうか？

【マディ・ウォーターズ】Muddy Waters (1915–1983)〔人物〕
綾波レイのコスプレをしているマディ・ウォーターズを想像せよ。

【マドンナ】Madonna Louise Ciccone (1958–)〔人物〕
カバラの秘法でレディー・ガガ暗殺を目論む元人気女性歌手。

【マナサス】Manassas〔バンド〕
スティーヴン・スティルスのバンド・リーダーとしての政治力をただただ見せつける大所帯バンドであった。

【マニック・ストリート・プリーチャーズ】Manic Street Preachers〔バンド〕
なんか身体を切り刻んで失踪したイカれたギタリストをシド・バレット役にして、残りのメンバーで大成功した「ピンク・フロイド商法」を実践した英国のバンド。

【マハビシュヌ・オーケストラ】The Mahavishnu Orchestra〔バンド〕
インドの高僧の法衣をまとったマイルス・デイヴィスお気に入りの英国人ギタリストがヨーロッパやアメリカからものすごいテクニシャンのメンバーを集めて、それはそれはものすごい演奏を繰り広げたジャズロック・バンド。

【ママス&パパス】The Mamas & the Papas〔グループ〕
ハリウッドの丘の上の豪邸に住み、マンソン・ファミリーの標的になりそうな大金持ちのヒッピーというイメージを定着させたボーカル・グループ。

【マラカス】maracas〔楽器〕
日本中すべてのカラオケボックスに常備されているので、おそらく全世界にあるマラカスの4分の3は日本にあると思われる。

【マリア・カラス】Maria Callas (1923–1977)〔人物〕
→【ゲイ・アイコン】

ま

【マリアッチ】mariachi〔ジャンル〕

ひとがバンバン虫けらのように死ぬ銃撃戦のBGMにぴったり合う底抜けに能天気なメキシコの音楽。

【マリア・マルダー】Maria Muldaur (1943-)〔人物〕

ジム・クウェスキン・アンド・ザ・ジャグバンドにいた頃の彼女の美貌は異常である。男なら見た瞬間に射精するだろう。

【マリアンヌ・フェイスフル】Marianne Faithfull (1946-)〔人物〕

ミック・ジャガーのおもちゃにされていた頃の彼女の美貌は異常である。男なら見た瞬間に射精するだろう。

【マリファナ】まりふぁな〔植物〕

マリファナの効能として、飯が美味い、セックスが気持ち良い、音楽が立体的、読書や映画にどハマりするなどはよく言われているが、「猫が異常に可愛く感じる」というのはあまり知られていないのではないか。

【マリリン・マンソン】Brian Hugh Warner (1969-)〔人物〕

ハーポ・マルクスの道化とグルーチョ・マルクスのシニカル・ジョークとチコ・マルクスの音楽性を兼ねそなえた現代アメリカを代表する偉大な名歌手である。モリッシーへの異常な執着が奇妙である。

【マリンバ】marimba〔楽器〕

マリンバとカリンバの凸凹コンビが旅するずっこけコメディ映画というのはどうだろうか?

【マルコム・マクラーレン】Malcolm Robert Andrew Mc-laren (1946–2010)〔人物〕

パンクの始祖であると同時に最後のダダイストでもある。きわめつきのヨーロッパ文化人。

【マルチトラック・レコーダー】multi track recorder〔電気〕

トラック数が増えれば増えるほど、スタジオ代と制作費は嵩《かさ》むようになった。そのわりに音楽の芸術としてのクオリティが上がったわけではないので、なんのために発明されたのかよくわからない機械。

【マルチ・プレイヤー】multi player〔一般〕

なんでも演奏できるひと。ピアノの白鍵と黒鍵を同時に弾くなどという芸当もお手のものである。

【マルーン5】Maroon 5〔バンド〕

美貌と美声と類《たぐい》まれな作曲能力を誇るアダム・レヴィーンとよくわからないほかのメンバーが結成したメガポップ・バンドである。GAPの店内で聴くと最高である。

【マレーネ・ディートリッヒ】Marlene Dietrich (1901–1992)〔人物〕

退廃的な美貌と歌声で有名なドイツ人歌手。ヒトラーのラヴコールを袖にして渡米し、かのバート・バカラックを専属ピアニストに雇い全米で大スターになり、大阪万博にもやってきて、最近まで生きていた。

【マンゴ・ジェリー】Mungo Jerry〔バンド〕

魁偉《かいい》な容貌と類《たぐい》まれな作曲能力を誇るレイ・ドーセットとよくわからないほかのメンバーによって結成されたスキッフル・バンド。

【マンチェスター・サウンド】Manchester sound〔ジャンル〕

→【マッドチェスター】を見よ。もしくはバブルの頃の『ロッキンオン』誌を読め。

【ザ・マンハッタン・トランスファー】The Manhattan Transfer〔グループ〕
ニューヨークの高齢者向けABBA。

【マンフレッド・マン】Manfred Mann〔バンド〕
眼鏡ブレイン・ドレインのリーダー率いる英国のR&Bバンド。じゃがたらみたいにバンド名を少しずつ変えてその後もずっと存続した。

【マンボ】mambo〔ジャンル〕
ダダダダ・ダダダダ・ウーッ！・チャッチャラッチャーッチャ、チャッチャラッチャーチャ・チャッチャラッチャーッチャチャッチャラッチャーチャ、チャッチャラッチャーッチャ、チャッチャラッチャーチャ

【み】

【ミキサー】mixer〔電気〕
野菜ジュースを作る機械。

【ミキシング】mixing〔電気〕
野菜ジュースを作る作業。

【ミクスチャー・ロック】mixture rock〔ジャンル〕
なにもかも中途半端なジャンル。

【ミスター・ビッグ】Mr.BIG〔バンド〕
ヘヴィメタル界のCSN&Y。

【ミスフィッツ】The Misfits〔バンド〕
再結成さえしなければ史上最高のハードコアパンク・バンドだった。

【ミッキー・カーチス&サムライ】Mickey Curtis & The

Samurais〔バンド〕

東南アジアやヨーロッパで活躍していたので実態が謎に包まれている日本のラウンジロック・バンド。なんどか改名しているが末期にはフリーやフエイセズのメンバーがいた。

【ミッキー吉野】みっきー - よしの（1951-）〔人物〕

シルクロードを通ってインドに経典を求めに行く時は、ぜひソリーナを持って帯同してもらいたいキーボーディストである。

【ミック・ジャガー】Sir Michael Philip Jagger（1943-）〔人物〕

ちゃんとした家庭の学生なので、ハンブルク帰りの荒ぶる有名人ジョン・レノンには常に敬語であった。

【ミック・ジョーンズ（ザ・クラッシュ）】Michael Geoffrey "Mick" Jones（1955-）〔人物〕

フォリナーのギタリストによく間違えられるパンクロッカー。

【ミック・ジョーンズ（フォリナー）】Michael Leslie "Mick" Jones（1944-）〔人物〕

クラッシュのギタリストによく間違えられる産業ロッカー。

【ミックス・ダウン】mix down〔電気〕

野菜ジュースの飲みすぎで倒れること。

【ミック・タルボット】Mick Talbot（1958-）〔人物〕

ワム！のアンドリューと、ジョン・オーツで「うなずきトリオ」を結成すれば面白いのだが。

【ミック・テイラー】Michael Kevin "Mick" Taylor（1949-）〔人物〕

ザ・ローリング・ストーンズにこき使われたパシりギタリスト。だれよりも若かったので仕方がない。

【ミック・フリートウッド】Michael John Kells "Mick" Fleetwood（1947-）〔人物〕

身長が8メートルくらいある、フリートウッド・マックのドラマー。フィルモア劇場での徹夜ジャムセッションの時にLSDで朦朧《もうろう》となり、ステージ前方に座って「ジェリー・ガルシアのクソったれ、ジェリー・ガルシアのクソったれ」をマントラのように3時間にわたって唱え続けた。

【ミッシェル・ポルナレフ】Michel Polnareff (1944-)〔人物〕
フランスの超人気ロッカー。潔癖症なので来日時は酸素マスクを使用し、その姿で大山倍達《ますたつ》に謁見《えっけん》した。

【ミッチ・ミッチェル】John Ronald Mitchell (1947-2008)〔人物〕
元子役で、ロンドン中の数々のバンドを渡り歩いている時は、それはもうイケイケだったのだが、ジミ・ヘンドリックスのドラマーとしてスターになった途端に失速。燃え尽きてしまったのだな。

【MIDI】ミディ musical instrument digital interface〔電子〕
ローランド社が電子音楽界の征服を目指して編み出した呪文。

【ミートローフ】Meat Loaf (1947-)〔人物〕
名前のごとく超大味なロックシンガーで、繊細な感性の日本ではまったくウケないが、世界でももっとも売れたアルバムを作った。

【南こうせつとかぐや姫】みなみ-こうせつ-と-かぐや-ひめ〔バンド〕
かぐや姫は求婚するプリンスたちに無理難題を出した。「ちいさな石鹸で似顔絵を描け」「24色のクレパスを手ぬぐいにせよ」「神田川に一緒に飛込もう」などである。

【ミニマル・ミュージック】minimal music〔ジャンル〕
テケテケテケテケテケテケテケテケテケテケテケテケテケテケ、テケテケテケテケテテケテケテケテケテケテケテケテケテケテケテケテケテケテケテケテケテケテケ、テケテケテケテケテケテケテケ

テケテケテケテケテケテケテケテケテケテケテケ、テケテケテケテケテケテケテケテケテケテケテケテケテケテケテケテケテケテケ、テケテケテケテケテケテケテケテケテケテケテケテケテケテケテケテケテケテケ、テケテケテケテケテケテケテケテケテケテケテケ、テケテケテケテケテケテケテケテケテケテケテケテケテケテケテケテケテケテケ、テケテケテケテケテケテケテケテケテケテケテケテケテケテケテケテケテケテケ、テケテケテケテケテケテケテケテケテケテケテケ、テケテケテケテケテケテケテケテケテケテケテケテケテケテケテケテケテケテケ、テケテケテケテケテケテケテケテケテケテケテケテケテケテケテケテケテケテケ、テケテケテケテケテケテケテケテケテケテケテケ、テケテケテケテケテケテケテケテケテケテケテケテケテケテケテケテケテケテケ、テケテケテケテケテケテケテケテケテケテケテケテケテケテケテケテケテケテケ、テケテケテケテケテケテケテケ

テケテケテケテケテケテケテケテケテケテケテケ、テケテケテケテケテケテケテケテケテケテケテケテケテケテケテケテケテケテケ、テケテケテケテケテケテケテケテケテケテケテケテケテケテケテケテケテケテケ、テケテケテケテケテケテケテケテケテケテケテケ、テケテケテケテケテケテケテケテケテケテケテケテケテケテケテケテケテケテケ、テケテケテケテケテケテケテケテケテケテケテケテケテケテケテケテケテケテケ、テケテケテケテケテケテケテケテケテケテケテケ、テケテケテケテケテケテケテケテケテケテケテケテケテケテケテケテケテケテケ、テケテケテケテケテケテケテケテケテケテケテケテケテケテケテケテケテケテケ、テケテケテケテケテケテケテケテケテケテケテケ、テケテケテケテケテケテケテケテケテケテケテケテケテケテケテケテケテケテケ、テケテケテケテケテケテケテケテケテケテケテケテケテケテケテケテケテケテケ、テケテケテケテケテケテケテケ

テケテケテケテケテケテケテケテケテケテケテケテケ、
テケテケテケテケテケテケテケテケテケテケテケテケ
テケテケテケテケテケテケテケ、テケテケテケテケテ
ケテケテケテケテケテケテケテケテケテケテケテケテ
ケテケテケテケ、テケテケテケテケテケテケテケテケ
テケテケテケテケテケテケテケテケテケテケテケテケ、
テケテケテケテケテケテケテケテケテケテケテケテケ
テケテケテケテケテケテケテケ、テケテケテケテケテ
ケテケテケテケテケテケテケテケテケテケテケテケテ
ケテケテケテケ、テケテケテケテケテケテケテケテケ
テケテケテケテケテケテケテケテケテケテケテケテケ、
テケテケテケテケテケテケテケテケテケテケテケテケ
テケテケテケテケテケテケテケ、テケテケテケテケテ
ケテケテケテケテケテケテケテケテケテケテケテケテ
ケテケテケテケ、テケテケテケテケテケテケテケテケ
テケテケテケテケテケテケテケテケテケテケテケテケ、
テケテケテケテケテケテケテケテケテケテケテケテケ
テケテケテケテケテケテケテケ、テケテケテケテケテ
ケテケテケテケテケテケテケテケテケテケテケテケテ
ケテケテケテケ、テケテケテケテケテケテケテケテケ

テケテケテケテケテケテケテケテケテケテケテケテケ、
テケテケテケテケテケテケテケテケテケテケテケテケ
テケテケテケテケテケテケテケ、テケテケテケテケテ
ケテケテケテケテケテケテケテケテケテケテケテケテ
ケテケテケテケ、テケテケテケテケテケテケテケテケ
テケテケテケテケテケテケテケテケテケテケテケテケ、
テケテケテケテケテケテケテケテケテケテケテケテケ
テケテケテケテケテケテケテケ、テケテケテケテケテ
ケテケテケテケテケテケテケテケテケテケテケテケテ
ケテケテケテケ、テケテケテケテケテケテケテケテケ
テケテケテケテケテケテケテケテケテケテケテケテケ、
テケテケテケテケテケテケテケテケテケテケテケテケ
テケテケテケテケテケテケテケ、テケテケテケテケテ
ケテケテケテケテケテケテケテケテケテケテケテケテ
ケテケテケテケ、テケテケテケテケテケテケテケテケ
テケテケテケテケテケテケテケテケテケテケテケテケ、
テケテケテケテケテケテケテケテケテケテケテケテケ
テケテケテケテケテケテケテケ、テケテケテケテケテ
ケテケテケテケテケテケテケテケテケテケテケテケテ
ケテケテケテケ、テケテケテケテケテケテケテケテケ

【ミニー・リパートン】Minnie Riperton (1947–1979)〔人物〕

和田アキ子以外の日本人女性が必ずカヴァーする『ラヴィン・ユー（別名ぴよぴよ）』を唄った元ロータリー・コネクションのシンガー。

【ミュジーク・コンクレート】musique concrète〔ジャンル〕

サンプリング著作権がうるさくなると廃れたジャンルである。昔はビートルズも堂々と作って発表していた。

【ミュゼット】musette〔ジャンル〕

デチューンを施したアコーディオンで奏でるフランスの民謡。ベレー帽とボーダーシャツが必須である。

【ミュート】mute〔一般〕

電話がかかってきた時や、不快な音を出すメンバーのパートを消す時に押すボタン。

【ミレイユ・ダルク】Mireille Darc (1938–)〔人物〕

ニコからアラン・ドロンを奪ったフランス人女優兼歌手。J・L・ゴダールの『ウイークエンド』で「わたしのエルメスのバッグが！」と名台詞を叫んだ。

【明楽】みん‐がく〔ジャンル〕

酢豚を食べながら聴くと最高である。

【明清楽】みんしん‐がく〔ジャンル〕

青椒牛肉絲を食べながら聴くと最高である。

【民族音楽】みんぞく‐おんがく〔ジャンル〕

部族音楽が進化したもの。

【民謡】みんよう〔ジャンル〕

いかにも「民」以外の上から目線の者が命名した名称である。

【む】

【ムーヴメント】movement〔社会〕
マスコミや地方のひとが飛びつく頃にはすでに終わっている場合が多い。

【ムーグ】Moog〔企業〕
「モーグが正しい発音である」と必死で啓蒙しているけれど、もう遅いのである。羊肉の焼肉を今日から「チンギス＝ハーンと呼べ」と言われても、にわかに変われないのである。

【ムーディー・ブルーズ】The Moody Blues〔バンド〕
ブルーズをムーディに演奏しようとメロトロンを導入した勘違いバンド。勘違いが成功して大ヒットを飛ばした。

【ムード歌謡】むーど‐かよう〔ジャンル〕
大人の社交場で流れるセクシャルな音楽。「秋庭豊とアローナイツ」「鶴岡雅義と東京ロマンチカ」「原みつるとシャネル・ファイブ」「森雄二とサザンクロス」などリーダー＋バンド名というパターンが非常に多い。「黒沢明とロス・プリモス」というのもあった。あの世界的大映画監督があやしげなバンドを率いていたとは驚きである。

【ムード・ミュージック】mood music〔ジャンル〕
要はヤリたいだけである。

【無伴奏】む‐ばんそう〔奏法〕
ギャラが払えなくてバック・バンドに逃げられた歌手が得意とする奏法。

【村八分】むらはちぶ〔バンド〕
バンド名が放送禁止用語で結成時点ですでにメジ

む

ャー展開の限界が見えていた、ザ・ローリング・ストーンズの27569２番煎じみたいな京都のバンド。

【ムーン・ウォーク】moon walk〔ダンス〕

トリックに騙されてはいけない、あれは床のほうが動いているのである。あんなこと物理的にできるはずがない。

【ムーンライダーズ】むーんらいだーず〔バンド〕

日本のすべてのレコード会社を渡り歩いて1曲もヒットが出せずに活動休止して尊敬されているバンド。

【め】

【メイナード・ファーガソン】Walter Maynard Ferguson (1928-2006)〔人物〕

→【アメリカ横断ウルトラクイズのテーマソング】

【メインストリーム・ジャズ】mainstream jazz〔ジャンル〕

ジャズ界内部に対立軸を作り出し、差別を助長しジャズ界を混乱させ崩壊させようとする勢力が創出した用語である。

【メガデス】Megadeth〔バンド〕

挑発的で暴力的なスラッシュメタル・バンドなのにバンド名がですます調なのはギタリスト、マーティ・フリードマンの柔和な性格を見れば誰でも理解できる。

【メガミックス】mega mix〔一般〕

日焼けした男女が肌を露出して大酒を食らっている下品なバーでよく流れている。

【メジャー】major〔一般〕

メジャーレコード会社からデビューすればレコードが200枚しか売れなくてもメジャーである。

インディーズレーベルなら３００万枚売ってもインディーズである。

【メジャー・キー】major key〔楽典〕
定規としても使える鍵。

【メジャー・コード】major chord〔楽典〕
有名なコード。ＣやＦやＧはメジャーである。Amも有名なコードである。

【メタリカ】Metallica〔バンド〕
なぜかバンド名が疑問形である。これはそのルックスや音楽性とは裏腹に自信のなさの現れである。

【メトロノーム】metronome〔楽器〕
演奏者を催眠術に掛ける機械。

【米良美一】めら－よしかず(1971-)〔人物〕
大ヒット映画『もののけ姫』の主題歌を唄ったカウンター・テナー歌手。出張ゲイ・ホストにはカウンター・パンチを食らわした。

【メリー・クレイトン】Merry Clayton(1948-)〔人物〕
元レイレッツなので当然レイ・チャールズのお手つきである。ザ・ローリング・ストーンズの『ギミー・シェルター』で絶唱しすぎて妊娠の継続が停止した。

【メリー・ホプキン】Mary Hopkin(1950-)〔人物〕
ポール・マッカートニーの秘蔵っ子なのでお手つきであろう。

【メロディック・スピードメタル】melodic speed metal〔ジャンル〕
まるで他のスピードメタルにはメロディがないかのような物言いである。

【メロディック・デスメタル】melodic death metal〔ジャンル〕
まるで他のデスメタルにはメロディがないかのよ

め

うな物言いである。

【メロディック・ハードコア】melodic hardcore〔ジャンル〕

まるで他のハードコアにはメロディがないかのような物言いである。

【メロディック・パワーメタル】melodic power metal〔ジャンル〕

まるで他のパワーメタルにはメロディがないかのような物言いである。

【メロディック・パンク】melodic punk〔ジャンル〕

まるで他のパンクロックにはメロディがないかのような物言いである。

【メロトロン】mellotron〔楽器〕

磁気テープを鍵盤で演奏する楽器。いわゆるアナログ・サンプラーなのでオーケストラ楽器から環境音までなんでもこれ１台で演奏することができる。想像するだけで故障が多そうな楽器である。故障の原因はメロトロンに職を奪われたオーケストラ員による妨害工作である場合がほとんどである。

【めんたんぴん】めんたんぴん〔バンド〕

グレイトフルデッドの８０３４５２７番煎じみたいな北陸のバンド。

【メント】mento〔ジャンル〕

ジャマイカの民謡。複数形はメントスでコカコーラに入れると爆発する。

【メンフィス・サウンド】Memphis sound〔ジャンル〕

スタックス・レコードがこのジャンルの代表。忌野清志郎が猛烈に啓蒙していたが、忌野の死去後は日本ではぜんぜん人気がない。もともと人気がなかったのである。

【も】

【毛遊び】もぅあしびー〔風習〕
沖縄で行われている乱交パーティ。優れたミュージシャン揺籃の場でもある。

【木魚】もくぎょ〔楽器〕
お寺の廊下に位牌を並べ木魚を投げてボウリングゲームを行う遊びが筒井康隆のまんがで描かれている。

【モータウン】Motown〔レーベル〕
このレーベルのレコードのタンバリンの音が大きかった頃は全米最大の黒人経営企業だったが、タンバリンの音が小さくなるにつれて資本関係は複雑になった。

【モーターヘッド】Motörhead〔バンド〕
レミー・キルミスター率いる英国のハードロック・バンド。悪そうなイメージだが、長年ミュージック・ビジネスで黙々と活動を続けているので業界の掟や礼儀作法に精通しているのに違いない。

【モダンジャズ】modern jazz〔ジャンル〕
ラーメン屋や居酒屋の店内で薄く流れている、麻薬中毒の黒人が奏でる即興演奏。

【モダンジャズ・カルテット】Modern Jazz Quartet〔バンド〕
こんなに堂々と名乗られては他のモダンジャズ・グループは立つ瀬がない。アディダスの「ザ・スニーカー」、「ザ・バンド」しかりである。

【モッズ】mods〔一般〕
イギリスの60年代のスクーター暴走族。覚醒剤とR&Bとつんつるてんのイタリアンスーツでとにかくガラが悪かった。同じ貧民長屋でも第三次産業に従事しているガキはモッズになり、第二次産業に従事しているガキはロッカーズやスキンズになった。

【THE MODS】ザ・モッズ〔バンド〕
ちっともモッズ的ではないとのことでポール・ウェラーより厳重注意を受けた博多のバンド。

【モット・ザ・フープル】Mott the Hoople〔バンド〕
イアン・ハンター率いるグラムロック・バンド。まったくレコードが売れなかったがデヴィッド・ボウイがテコ入れして『All the Young Dudes』が大ヒット、さらにミック・ロンソンが加入したが、あっけなく空中分解。

【ザ・モップス】ざ－もっぷす〔バンド〕
日本最初のサイケ・バンドとして大々的に売り出された。作詞はなんと阿久悠である。現代音楽家の一柳慧《いちやなぎとし》が参加したり時代劇シリーズを発表したりとその活動は混乱を極めた。

【モード・ジャズ】modal jazz〔ジャンル〕
コード進行を気にせずスケール一発でのびのびと演奏できるスタイルなので自由度が高かったがそれゆえ速攻で飽きられた。

【モノラル】monaural〔電気〕
片耳のひと、もしくはスピーカーを一個しか買えなかったひと用の音響。

【モーリス・ホワイト】Maurice White (1941–2016)〔人物〕
60年代はチェス・レコードの地味なセッション・ドラマーであったが、70年代はレーザー光線が飛び交うスタジアムで空を飛んでいた。師匠想いで弟子想い、自民党派閥の領袖のようなひとだった。

【モリス・レヴィ】Morris Levy (1927–1990)〔人物〕
マフィアなのでヘタなことを書くとイーストリバーに身元不明の死体で浮かぶことになる。ここでは簡潔にヒット曲を一発で聴きわける天賦の才を持ったルーレット・レコードの社長、ということでお茶を濁しておく。

【モリッシー】Steven Patrick Morrissey (1959–)〔人物〕

マリリン・マンソンにいじめられているスミスのボーカル。

【モーリン・タッカー】Maureen Ann "Moe" Tucker (1944-)〔人物〕
奇想天外なドラムを叩く女性キーパンチャー。ヴェルヴェット・アンダーグラウンドで活躍した。

【ザ・モンキーズ】The Monkees〔バンド〕
ヴァン・ダイク・パークスやスティーヴン・スティルスはオーディションに落ちた。

【MONGOL800】もんごるはっぴゃく〔バンド〕
モンゴルのバンドと偽って巨万の富を築いた沖縄のバンド。

【もんた&ブラザーズ】もんた-あんど-ぶらざーず〔バンド〕
「世界一ハスキーな声」でギネスブックに申請中である。

【や】

【野外フェス】やがい-ふぇす〔名〕
小規模なものはキャンプ場経営者の、大規模なものは興行中止保険会社のカモとなり、絶対に儲からないのに、なぜか次から次へと企画される。

【安井かずみ】やすい-かずみ (1939-1994)〔人物〕
実在のジェットセット族。

【休みの国】やすみ-の-くに〔バンド〕
ミュージシャンズ・ミュージシャン高橋照幸の一人ユニット。本当に休みの国らしく20年に一度くらいしかアルバムが出ない。福生にある同名のライヴ飲み屋との関連は不明。

【ザ・ヤードバーズ】The Yardbirds〔バンド〕
「3大ギタリスト」という訳のわからないものを生み出したことで有名な英国のバンド。ボーカリストは自分の靴下も探せないバカで山田かまちのように感電死したが妹は美人。

【ヤプーズ】やぷーず〔バンド〕

戸川純のバック・バンド。前身の8½というバンド名はカッコよかった。東京ロッカーズは音楽性はともかく、ミスター・カイトとか、ミラーズなどカッコいいバンド名が多かった。

【山田かまち】やまだ－かまち（1960-1977）〔人物〕

感電することを「カマチる」と言うが、その由来となった人物。

【山田耕筰】やまだ－こうさく（1886-1965）〔人物〕

偉い音楽家とだけ思っていたのだが、「カルピス」を命名したり、小型消防オートバイを開発したり、横尾忠則に家を売ったりと意外なエピソードが多数ある。

【ヤマハ】やまは〔企業〕

ギターのピックから漁船のエンジンまで、さらにリゾート開発まで行っているわけのわからない巨大会社。元は楽器メーカーらしいが、ギブソンがオートバイを作るだろうか？　シーケンシャル・サーキット社がゴルフ場を経営するだろうか？　よく考えてほしい。

【山本直純】やまもと－なおずみ（1932-2002）〔人物〕

同門の小澤征爾に「お前は世界を目指せ、おれは日本にとどまり日本船舶振興会のテレビCMに法被を着てまといを振って出演する」と言ったという。

【ヤン・ハマー】Jan Hammer（1948-）〔人物〕

ヤマハとは関係がない、ヤンマーとも関係がない、ベンディングのうまいキーボーディスト。

【ゆ】

【ＵＲ】Underground Resistance〔バンド〕
荒廃したテクノ都市デトロイトのスラムを取り壊し、住宅を建設し再生を図るべく創設された独立行政法人。昔は「公団」といった。

【憂歌団】ゆうかだん〔バンド〕
ボーカルの木村充揮《あつき》は生野連合という日本最大の暴走族の幹部だったので、初期の憂歌団のライヴは暴走族が大群で押し寄せていたが、いつのまにかいなくなった。暴走時のＢＧＭとして憂歌団の音楽は不適格だからであろう。

【ＵＫハードコア】UK hardcore〔ジャンル〕
イギリスのハードコア。ややこしいものもすべてこの項目でひとまとめである。

【ＵＫロック】UK rock〔ジャンル〕
イギリスのロック。ややこしいものもすべてこの項目でひとまとめである。

【ユーチューブ】YouTube〔一般〕
エロ動画をいったいどうやって省いているのだろうか？

【Ｕ２】U2〔一般〕
デビュー当初はエコー&ザ・バニーメンと同じようなレベルの新人バンドだったが、しだいに巨大化しベルリンの壁を壊した。次は宇宙空間でＰＶを作るそうである。銀河帝国の覇者となるのも時間の問題であろう。

【ユッスー・ンドゥール】Youssou N'Dour (1959-)〔人物〕
太鼓を叩いてセネガルの大統領候補にまで上り詰めた。西アフリカ版『成りあがり』が書けそうである。

【ユートピア】Utopia〔バンド〕

トッド・ラングレンが気まぐれで始めた理想郷。演奏が難しすぎるので数年で理想郷は崩壊した。

【ユニコーン】ゆにこーん〔バンド〕
服部というひとが結成したらしい。

【UB40】UB40〔バンド〕
膨大な裾野を広げるイギリスのレゲエ・シーンを一身に背負って巨万の富を得たが、最近メンバー一同破産したそうである。

【UFO】UFO〔バンド〕
イギリスのサイケロック・バンドだったがドイツで人気が出たのでドイツ人ギタリストのマイケル・シェンカーを入れてドイツで活動した。その後日本で人気が出たので3人組クラブジャズDJユニットとして日本で活躍した。

【ユーライア・ヒープ】Uriah Heep〔バンド〕
イギリスのハードロック・バンドを1000個集めて1000で割ったような、なにもかも中途半端なバンド。

【ゆらゆら帝国】ゆらゆら-ていこく〔バンド〕
おれが命名したフラダンス・ユニット「フラフラ帝国」と姉妹関係にあるサイケロック・バンド。

【ユーリズミックス】Eurythmics〔バンド〕
エブリシング・バット・ザ・ガールの先輩。

【ユーロトランス】euro trance〔ジャンル〕
ユーロ高でトランス状態に陥っている為替業界。

【ユーロビート】euro beat〔ジャンル〕
ユーロ安で激しく打ちひしげられた為替業界。

【ユーロロック】euro rock〔ジャンル〕
ユーロ破綻で岩のように動かなくなった為替業界。

ゆ

【よ】

【洋楽】ようがく〔ジャンル〕
小野洋子の音楽。

【ヨーデル】jodel〔奏法〕
会議中に発言を促された時に、これをやると発狂したと思われるから試してみよ。

【四人囃子】よにん‐ばやし〔バンド〕
ピンク・フロイドみたいな曲を5人で演奏していた。

【ヨハン・ゼバスチャン・バッハ】Johann Sebastian Bach (1685-1750)〔人物〕
何十人もいるバッハのうち最も有名なバッハ「大バッハ」と呼ばれているところから身長が10メートルくらいあり、大聖堂のパイプオルガンを小脇に抱えてドイツ中を巡業したといわれている。

【ヨーヨー・マ】馬友友(1955-)〔人物〕
飛行機では隣の席をチェロのために取り、タクシーでも必ず隣の席に置き、トランクにはしまわないと宣伝しているが、実際は頻繁にタクシーのトランクに置き忘れている。このエピソードでわかるとおり、ずっこけた実に愛すべき人物である。老婆心《ろうばしん》ながらスティングやオバマみたいなマキャベリストたちとは関わらないほうがよいのではないか?

【ら】

【ライ】rai〔ジャンル〕
ベドウィン民謡を起源とするアルジェリアの音楽。日本でも人気で「来々軒」というライを聴かせる店が方々にある。

【ライヴ】live〔一般〕

生きているひとの演奏会。死んだひとがステージで演奏するのは降霊会と呼ばれる。

【ライヴ・アルバム】live album〔一般〕
生きているひとのアルバム。死んでいるひとは縁起が悪いのでアルバムから取り除くのである。

【ライヴ・ハウス】live house〔一般〕
共産圏の工場や炭鉱とならぶノルマの聖地である。

【ライヴ・パフォーマンス】live performance〔一般〕
生きているひとの演技や演奏。死んでいるひとは通常演技や演奏をしないことからこう呼ばれるようになった。

【ライヴ・レコーディング】live recording〔一般〕
歓声や拍手のオーヴァー・ダビングはもとよりメインボーカルの差し替えなど、ありとあらゆる人工的な修正作業の嵐であり、エンジニアの腕の見せどころである。

【ライオネル・リッチー】Lionel Brockman Richie, Jr.(1949–)〔人物〕
コモドアーズを裏切ったボーカリスト。レコードを1億枚以上売ったそうだが、恨みを忘れてはいけない。

【ライカ】laika〔ジャンル〕
高級カメラメーカーの社歌。
→【ポップフォーク】

【ライ・クーダー】Ryland Peter Cooder (1947–)〔人物〕
ブエナ・ビスタ・ソシアル・クラブの演奏を邪魔するためにキューバに送り込まれたスライド・ギタリスト。

【ライザ・ミネリ】Liza May Minnelli (1946–)〔人物〕
鳳蘭の元ネタ。

【ライド・シンバル】ride cymbal〔楽器〕
ひとが乗れるくらい大きなシンバル。凶暴なドラマーは本当に客をシンバルの上に乗せて店の外へフリスビーのように飛ばす。

【ライトニン・ホプキンス】Sam John "Lightnin'" Hopkins（1912–1982）〔人物〕

ものすごく悪そうな風貌で、ものすごく悪そうなギターを弾き、ものすごく悪そうな声で唄う、ものすごく悪そうなブルーズマン。たぶん本当にものすごく悪いのであろう。

【ライトハンド奏法】らいとはんど－そうほう〔奏法〕

右手を使ったギターの特殊奏法。このことから通常ギターの演奏は左手のみで行うのであろう。

【ライナー・ノーツ】liner notes〔一般〕

評論家が聴き手に先入観を植え付け洗脳するための冊子。

【ラヴァーズ・ロック】lovers rock〔ジャンル〕

肉も食うし、女の子にも優しくしたい、エチオピアとか知らねーよ、けどマリファナは吸う、というひと向けのレゲエ。

【ザ・ラヴィン・スプーンフル】The Lovin' Spoonful〔バンド〕

魔法を信じるかい？　などと言って少年少女をＬＳＤの道にひきずりこんで速攻で解散した。リーダーがＬＳＤでふらふらになってウッドストックでわけのわからぬパフォーマンスをしているところが映像に残った。

【ラウドネス】らうどねす〔バンド〕

80年代にものすごい人気を誇った日本のヘヴィメタル・バンド。『Player』誌の人気投票ではバンド部門、個人プレイヤー部門、すべてラウドネスで占められていた。そうして全世界デビューを飾ったのだが、おなじ頃、新宿の24時間居酒屋でベースのひとが「１人飲み放題２５００円な～！」と周囲から飲み代を徴収していたのを見た。

【ラウド・ロック】loud rock〔ジャンル〕

音量がきわめて大きいロック。カウントの後の最初の一発で観客全員の鼓膜が破けるのでだれも全曲通して聴いたことがないという。

【ラウンジ・ミュージック】lounge music〔ジャンル〕
ラウンジで掛かっている静かな音楽。グランジとは似て非なるものである。ロビーで掛かっている音楽はロビー・ミュージック、エレベーターで掛かっている音楽はエレベーター・ミュージックとして区別する。

【ラーガ】raga〔ジャンル〕
インド音楽のスケール。ものすごい数があるそうなので、本格的に勉強したいひとは、インドへ行ってパスポートを焼き捨ててガンジス川に流し、なにもかも捨てる覚悟が要求される。

【ラグタイム】ragtime〔ジャンル〕
40歳を超えてもホームランを打ちまくっていたプロ野球選手・門田博光のテーマソングがこれである。

【ラジャ・ラム】Raja Ram (1941-)〔人物〕
日本で人気のある英国のヒッピー老師。

【ラッシュ】Lush〔バンド〕
ドラマーが360度ドラムに取り囲まれている、カナダのトリオ・バンド。ニーチェがどうの神々の戦いがこうのとものすごいハッタリを利かせた。巨人のウォーレン・クロマティと仲が良いのではなかったかね？　もうどうでもよい話だが。

【ラッツ&スター】旧・シャネルズ〔バンド〕
なにか不祥事を起こして、新規蒔《ま》き直しで改名しても、ひとは「なぜ改名したのか?」というその理由にこだわるので無駄である、ということを世に知らしめた東京大森のドゥーワップ・バンド。

【ラット】Ratt〔バンド〕
なぜかチケットをもらったので武道館にライヴを観に行ったら、ボーカルが登場の瞬間にケーブルに引っ掛かり転んだ、ということだけを記憶している。

【ラップメタル】rap metal〔ジャンル〕
おおよそヘヴィメタルに合わせてラップするのであろう。名称から内容が推し量れるようではたいしたものではあるまい。

【ラテン音楽】らてん - おんがく〔ジャンル〕
「ラテン・アメリカの音楽」の略である。ラテン語の音楽だとグレゴリオ聖歌みたいなものになって、セールスを見込むことはできない。

【ラテンロック】らてん - ろっく〔ジャンル〕
DJをしている時に気付いたのだが、女性はラテン・パーカッションに反応し、男性はエレキ・ギターに反応する。つまりサンタナは男女両方に受けるということである。「The V.I.P.s」というジャズファンク・バンドだったエル・チカーノもすかさずブームに乗っかった。マロというサンタナの弟のバンドもあったな。「麻呂」というくらいだから殿上眉《てんじょうまゆ》のおじゃる貴族だったのだろう。

【ザ・ラトルズ】The Rutles〔バンド〕
2代目の暴力マネージャーがジョン・ベルーシでおっかなかったよね。

【ラフ・トレード・レコード】Rough Trade Records〔企業〕
英国のインディーズレコード会社。名前のとおり非常に杜撰《ずさん》な経営であり、レコードなどは重量で取引、アーティストへのギャラは摑み銭という具合であったため、1991年に破産した。

【ラマタム】Ramatam〔バンド〕
世にも珍しい美人女性ギタリストがいたハードロック・バンド。

【ラムゼイ・ルイス】Ramsey Emmanuel Lewis, Jr. (1935-)〔人物〕
鉄壁のコンビネーションを誇る、辛苦を共にした仲良し3人組も、大ヒット曲の金と名声をめぐる争いで一瞬にして崩壊するという事例を教えてくれたシカゴのジャズ・ピアニスト。

【ラモーンズ】Ramones〔バンド〕
金がないのでヒッピーにもなれずに地下室でシンナーとか吸ってたニューヨークの兄弟バンド。なぜフィル・ラモーンをプロデューサーに迎えなかったのか不思議でならぬ。

【ララバイ】lullaby〔ジャンル〕
別れるのに嬉しそうである。

【ラリー・グラハム】Larry Graham (1946–)〔人物〕
スライに撃ち殺されそうになったので某キリスト教系団体に逃げ込んで、プリンスも誘って戸別訪問の勧誘を行うようになった、スラップ・ベースの第一人者。

【ラリー・コリエル】Larry Coryell (1943–)〔人物〕
ヒッピージャズ・ギタリスト。デビューした時は「セックスー！　セックスー！」と絶叫するむちゃくちゃな曲を唄ったり、親子で全裸写真を撮ってアルバムジャケットにしたり、ジミ・ヘンドリックスのレコーディングに道場破りにいったりと、ずいぶん無茶をしたが、しだいに落ち着き、サントリーホールみたいなところでクラシック曲を演奏するようになった。

【ラリー・レヴァン】Lawrence Philpot (1954–1992)〔人物〕
神と崇め奉られている、おかまのディスコＤＪ。ラリー・レヴァンの発言もすべてオネエ言葉で翻訳するべきである。

【ランディ・ローズ】Randall William "Randy" Rhoads (1956–1982)〔人物〕
ミック・ロンソンによく似ている、悲劇の王子様ギタリスト。生きていれば「オズボーンズ」に出演していたかもしれないのに残念なことである。

【り】

【リイシュー】reissue〔一般〕
経営が悪化したレコード会社の断末魔の叫びである。

【リヴァーブ】reverb〔音響〕
大聖堂や洞窟にいる雰囲気を醸し出すための効果またはその装置。なんでスタジオやライヴステージでも使うのかは謎である。ボーカルだけ大聖堂や洞窟にいるとは不自然ではないか。

【リヴァプール・サウンド】Liverpool sound〔ジャンル〕
ビートルズの１４９６０２３番煎じくらいまでのバンドのこと。英国の地理のあいまいな日本ではデイブ・クラーク・ファイヴみたいなロンドンのバンドまでまとめてリヴァプール・サウンドと呼ばれていた。ほとんどのバンドが１９６７年にそろって没落した。

【リヴォン・ヘルム】Levon Helm (1940-2012)〔人物〕
大豪邸に住んでリムジンでコンサート会場に乗りつけて「今年はトウモロコシが豊作だっぺよ〜」などとものすごいハイプをかましていたザ・バンドのドラマー。

【リコーダー】recorder〔楽器〕
通学中の小学生が携帯する武器。

【リズム】rhythm〔一般〕
リズム・アンド・ブルーズからブルージーな要素を排除したもの。

【リズム・アンド・ブルーズ】rhythm and blues〔ジャンル〕
ジャズ界においては堕落《だらく》した三流のジャズマンが演奏する音楽とされる。ひどい偏見である。

【リズム歌謡】りずむ‐かよう〔ジャンル〕
まるで他の歌謡にはリズムが存在しないかのような言い草である。

【リズム・ギター】rhythm guitar〔楽器〕
→**【サイド・ギター】**

【リズム・セクション】rhythm section〔楽器〕
ベースとドラム、あるいはそれにギターとピアノが加わった編成。ようするにホーンとストリングス以外はリズム・セクションとして一緒くたにしたいのである。これまたとんでもない偏見である。

【リズム・ボックス】rhythm box〔楽器〕
これさえ常備しとけばドラマーが突然失踪しても安心である。

【リターン・トゥ・フォーエヴァー】Return to Forever〔バンド〕
チック・コリアやスタンリー・クラークがいたフュージョン・バンド。永遠へ回帰したはずなのにほどなく解散した。

【リチャード・カーペンター】Richard Carpenter (1946–)〔人物〕
妹がご飯を食べなくなったアレンジャー兼キーボーディスト。

【リチャード・ティー】Richard Tee (1943–1993)〔人物〕
名前からして静岡県出身と思われるキーボーディスト。

【リチャード・ヘル】Richard Hell (1949–)〔人物〕
名前からして地獄出身と思われるベーシスト。

【リック・ウェイクマン】Richard Christopher Wakeman (1949–)〔人物〕
イエスの看板キーボーディスト。マントとさらさらヘアを振り乱し、メンバー中唯一肉を喰い、８３７連符の超高速アルペジオを弾く。

【リック・ジェームス】James Ambrose Johnson, Jr. (1948–2004)〔人物〕
モータウンにいるプリンスみたいなひと。

【リック・ダンコ】Richard Clare "Rick" Danko (1942–1999)〔人物〕
ザ・バンドのベーシスト。来日中に本に隠したヘロインを空輸させせバレて捕まり、そのあと死んだ。あだ名はリッチー。ニューヨークのタワーレコードでインストア・ライヴをやった時に見たけど、メンバーで一番人気があった。

【リック・デリンジャー】Rick Derringer (1947–)〔人物〕
アイドルから凄腕職人ギタリストとなった野村義男のようなひと。

【リッチー・ブラックモア】Richard Hugh Blackmore (1945–)〔人物〕
リッチー・ブラックモア先生はソウルやファンク等の黒人音楽が大嫌いで「靴磨きの音楽」と蔑んでいた。ある日、古城に客を招き雅《みや》びやかにバッハを聴く夕べを催してたら、そこにジョン・ボーナム先生がやってきて「なんだこの陰気なのは」とバッハのレコードをフリスビー投げし、JBを爆音で掛け始めた。

【リッチー・ヘイワード】Richie Hayward (1946–2010)〔人物〕
矢野顕子のファースト・アルバムに壁を突き破って居間に突入した車の絵を描いたリトル・フィートのドラマー。

【リッチー・ヘヴンス】Richie Havens (1941–2013)〔人物〕
男版ニーナ・シモンみたいなひと。で片付けてはいけない。唯一無二のスタイルを持つグリニッジ・ヴィレッジが生んだ偉大なアーティストである。ウッドストック・フェスではハナのバンドの機材が届かなかったので、急遽トップバッターに指名され嫌々出ていったら大ウケであった。その時、客は痺《しび》れを切らしており、ステージの上でなにかやりさえすればマギー司郎でもジミ・ヘンドリックスでもなんでも良かったのである。

【リッチー・ホゥティン】Richie Hawtin (1970–)〔人物〕
デトロイトのひとだが、デトロイト・テクノでは

り

ないテクノで世界的に有名なミュージシャン。

【リディアン・クロマティック・コンセプト】lydian chromatic concept〔理論〕

なにがなんやらさっぱりわからない。一種の密教経典である。崖から宙吊りになってホラ貝を吹いたり、焚《た》き火の上を歩いたりすれば、理解できるのであろうか。

【リード】reed〔楽器〕

大きめのものは靴べらとしても使用できる。もっと大型のものはサーフボードとして使用できる。

【リード・ヴォーカル】lead vocal〔楽器〕

リッチー・ブラックモアと喧嘩して次から次へと辞めていくひとのこと。

【リード・ギター】lead guitar〔楽器〕

エア・ギターの元となった楽器。

【リトル・ウォルター】Marion Walter Jacobs (1930–1968)〔人物〕

ライトニン・ホプキンスとタメを張る非常に悪そうな風貌のシカゴブルーズ・ハープの第一人者。

【リトル・フィート】Little Feat〔バンド〕

ハリウッドの音楽業界の最深部でセッションで莫大に稼いだ金をすべてコカインにつぎ込み猛練習したが、あまり売れなかった白人ファンク・バンド。

【リトル・リチャード】Richard Wayne Penniman (1932–)〔人物〕

ピアノを壊す勢いで弾きまくり怪鳥のような声で叫ぶ性同一性障害のロックン・ローラー。１９９２年11月14日、15日に東京ベイＮＫホール（キャパ８０００人）で高中正義先生をゲストに迎え来日公演を行う予定であったが、告知が足りず、チケットがわずか50枚しか売れなかったために中止となった。

【リハーサル】rehearsal〔一般〕
本番よりずっと良い環境でトラブルもなく良い演奏を和やかにする場のこと。

【リフ】riff〔楽典〕
意味不明のフレーズも3回繰り返せば立派なリフである。30回繰り返して誰も反応しなければ、そのリフは失敗作である。

【リベラーチェ】Władziu Valentino Liberace (1919–1987)〔人物〕
リトル・リチャード、エルトン・ジョン、フレディ・マーキュリーによる巨ゲイピアノ四連弾、というのを演ってほしかった。

【リー・ペリー】Rainford Hugh Perry (1936–)〔人物〕
ジャマイカ出身のプロデューサー。コミュニケーション不能の奇人を装っているが、金の話になると途端に三井物産のひとみたいに真面目で流暢《りゅうちょう》になるそうである。

【リミックス】remix〔一般〕
ヒトサマの楽曲中のタンバリンの音だけ使用して、ヒトサマのネームバリューのもとに自分の楽曲を世間に広める手段。当然著作権紛争の大きな原因である。

【リメイク】remake〔一般〕
楽曲アレンジを変えたり音響効果を改めて録音し直すこと。たいてい「元のほうが良かった」となる。

【リー・リトナー】Lee Mack Ritenour (1952–)〔人物〕
「キャプテン・フィンガー」の異名を持つ。その超絶指技で杏里の秘所を攻め立て籠絡《ろうらく》したが、ギターへの偏執的な興味のために離婚した。

【リンキン・パーク】Linkin Park〔バンド〕
淋菌《りんきん》がいっぱいの公園のこと。衛生局によってただちに封鎖である。

【リンク・レイ】Frederick Lincoln "Link" Wray, Jr. (1929–

2005)〔人物〕
代表曲『ランブル』はインストなのに「暴力を煽動する」恐れがあるとして放送禁止になった。ミュージシャン冥利《みょうり》に尽きるとはこのことではないか。

【リンゴ・スター】Ringo Starr, MBE (1940–)〔人物〕
ローリー・ストームを裏切ってへたくそ呼ばわりしていた格下のバンドに移って大富豪になったドラマー。

【リンダ・ロンシュタット】Linda Ronstadt (1946–)〔人物〕
愛くるしい風貌とむっちりした肢体に目が釘付けだが、ミック・ジャガーやジム・モリソンのお手つきである。

【る】

【ルイ・アームストロング】Louis Armstrong (1901–1971)〔人物〕
アポロ11号の船長として人類初の月面着陸を成し遂げ、月面でトランペットを吹き、『ホワット・ア・ワンダフルワールド』を唄った。

【ルイ・ジョーダン】Louis Jordan (1908–1975)〔人物〕
第2次世界大戦前後が全盛期なので日本での知名度は低いが大スターである。チャック・ベリーにリフをパクられても、気にしないR&B業界の大立者である。

【ルチアーノ・パヴァロッティ】Luciano Pavarotti (1935–2007)〔人物〕
もう有名すぎて説明不要のオペラ歌手。『Yes, Giorgio』という変な映画に本人役で主演しているのは黒歴史であるが、これは必見である。

【ルーツ・ミュージック】roots music〔ジャンル〕
木の根っこを叩いたり、くり抜いて吹いたりする音楽。

【ルーツ・レゲエ】roots reggae〔ジャンル〕

なにがルーツなものか、それ以前にレゲエは存在しなかったとでもいうのか。

【ルディ・ヴァン・ゲルダー】Rudy Van Gelder (1924–2016)〔人物〕

「目医者はどこだ、目医者はどこだ」

「するとお前様は目医者を探しているのだね」

「悪質な冗談はやめてください、ぼくはレコーディング・エンジニアをやる目医者を探しているのです」

【ルーディメンツ】drum rudiments〔奏法〕

ドラム奏法の基礎を総集したもの。相撲の櫓太鼓《やぐらだいこ》パターンが入ってないのは欠陥である。

【ルネッサンス】Renaissance〔バンド〕

ＬＳＤのやりすぎで朦朧《もうろう》となっている隙にジミー・ペイジにヤードバーズを乗っ取られた、キース・レルフとドラマーがキースの美人の妹を引き入れて結成したプログレフォーク・バンド。ぜんぜん売れなかった。

【ループ】loop〔一般〕

人間にやらせると拷問《ごうもん》なので機械にやらせることが多い。

【ルフト・カノーネ】luft kanone〔兵器〕

ドイツが研究開発した音波砲。右のパラボラ反射器からエンヤ、左からケニー・Ｇの音波をものすごい圧力で発射。50メートル離れた人間を30秒で殺し、２３０メートル離れた人間を倒すことができた。

【ルー・リード】Lewis Allan "Lou" Reed (1942–2013)〔人物〕

麻薬と同性愛の極限の世界の情景をヴィヴィッドに描き出したアンディ・ウォーホルのスーパースターの１人だが、生き残りデヴィッド・ボウイのファッション・ゲイの相手を務め、最後は趣味がゴルフになって死んだ。

【れ】

【レイヴ】rave〔一般〕

特定の場所を定めずにゲリラ的に開催されるドラッグ・ダンスパーティ。警察が来て音を止めるのもお決まりの出し物である。

【レイジー】れいじー〔バンド〕

ラウドネスのメンバーやファンの前ではこのバンド名は禁句である。日本へヴィメタル界の黒歴史中の黒歴史である。

【レイジ・アゲインスト・ザ・マシーン】Rage Against the Machine〔バンド〕

バンドのメッセージを伝えるために焼身自殺するところを写真に撮り、それをアルバムジャケットにした無茶苦茶なバンド。

【レイ・チャールズ】Ray Charles Robinson (1930–2004)〔人物〕

レイ・チャールズやスティーヴィー・ワンダーは眼が見えないのにいつも美女を連れている。実は視覚に頼らず美醜《びしゅう》を判別する方法があるのだ。知りたいひとは伝記映画『ＲＡＹ』を観なさい。

【レイ・デイヴィス】Raymond Douglas Davies, CBE (1944–)〔人物〕

兄貴はインテリなのに弟は暴力マニア、賢兄愚弟《けんけいぐてい》の典型であるが、50年くらい仲良くキンクスをやっている。

【レイ・パーカーJr.】Ray Parker, Jr. (1954–)〔人物〕

華麗なセッションワークやレイディオでの経歴はほとんど知られていなくて世間では『ゴーストバスターズ』のテーマのひととしてのみ知られている。しかも『ゴーストバスターズ』のテーマはヒューイ・ルイスのパクリだったことが露見して散々である。

【レイ・マンザレク】Raymond Daniel Manzarek (1939–2013)

〔人物〕

ベーシストに払うギャラをケチって自分で弾いていたドアーズの吝嗇《りんしょく》リーダー。

【レオン・ラッセル】Claude Russell Bridges (1942–2016)〔人物〕

アメリカのエルトン・ジョン。

【レゲエ】reggae〔ジャンル〕

裏打ちリズムが特徴かといえばそうでないレゲエ楽曲も多数ある。ワンドロップのリズムが特徴かといえばそうでないレゲエ楽曲が多数ある。メロディックでシンコペートしまくるベースラインが特徴かといえばそうでないレゲエ楽曲もたくさんある。例外がないのはすべて大麻を大量に吸ってできた音楽だということだ。

【レゲトン】reggaeton〔ジャンル〕

カリビアン・ヒップホップのこと。このジャンルを聴く人は他のジャンルを聴かないうえに格闘家だったりするので近寄らぬが無難である。

【レコーディング】recording〔一般〕

機械が山積みになった部屋で古雑誌を読みながら出前を食べること。

【レコーディング・エンジニア】recording engineer〔一般〕

機械が山積みになった部屋で古雑誌を読みながら出前を食べる施設で一番前に座っている人。

【レス・ポール】Lester William Polsfuss (1915–2009)〔人物〕

ものすごい速弾きをしながらエレキギターと8トラックレコーダーを発明して、妻と世界的大ヒットを出した、レオナルド・ダ・ヴィンチのようなアメリカ人ギタリスト。

【レス・ポール事件】れす－ぽーる－じけん〔歴史〕

筒井康隆が「レス・ポールの音がする」と書いたところ、中村とうようが「筒井センセイはレスポールというギブソンのギターが存在することをご存じないのであろう、昔レスポールという流行歌手がいたなあとでも思ったのだろう」と勘違いした。それを読んだ筒井康隆が大激怒して「レスポールギターくらい知っている。おれはボサノバの名手であり、ギブソンのカタログだって持っている。大体この中村という男は」とキレまくった。その後どうなったかは知らん。

【レスリー・コング】Leslie Kong (1933–1971)〔人物〕

広東省からパナマ運河に奴隷労働しにいった中国人の子孫はジャマイカにたどり着き、アイスクリーム・パーラーを経営し、店先での客の呼び込みに黒人の少年を雇い歌わせた。後のジミー・クリフである。ジミーのレコードを作って発売したら売れたので、ジミーに他に唄える奴はいないかと聞いたところ、連れてきたのがボブ・マーリーである。レスリー・コングはレコードビジネスで大儲けし、１９７１年に銀行の頭取に「あなたはすでに億万長者です」と言われ、ショック死した。

【レスリー・スピーカー】Leslie speaker〔電気〕

モーターの力で回るスピーカーである。だれがこんなバカなことを考えたのかわかるように、発明者の名前が冠されている。

【レッド・ウォーリアーズ】れっど-うぉーりあーず〔バンド〕

ダイアモンド☆ユカイがユマ・サーマンと付き合っていたというのは本当なのかね。

【レッド・ツェッペリン】Led Zeppelin〔バンド〕

故淀川長治がある日『レッド・ツェッペリン 狂熱のライブ』を上映している映画館の前を通りかかった。氏は「おや？　この『飛行船パニックもの』

れ

は試写会の案内が来ませんでしたね」と思いながら、チケットを購入し最後まで観たという。

【レッド・ホット・チリ・ペッパーズ】Red Hot Chili Peppers〔バンド〕

デーヴ・スペクターに似たボーカリストがいるLAのファンク・バンド。

【レディオヘッド】Radiohead〔バンド〕

メンバーがみな名門パブリックスクール出身というのだから、これはもう「スクールボーイ・ロック」の典型である。スキンヘッズの格好の標的である。

【レーナード・スキナード】Lynyrd Skynyrd〔バンド〕

南軍の旗を掲げるなど人種差別的なルックスだったので罰が当たり、飛行機が落ちてメンバーの大半が死んだ。

【レナード・バーンスタイン】Leonard Bernstein (1918–1990)〔人物〕

教科書にも載るほどの20世紀を代表する著名な指揮者兼作曲家でありながら、代表作は『ウエスト・サイド物語』だけという史上最大の一発屋でもある。

【レニー・クラヴィッツ】Leonard Albert Kravitz (1964–)〔人物〕

ヴァネッサ・パラディ不朽の名アルバム『Vanessa Paradis』を作り、局部を露出したことで有名なアメリカのロック・ミュージシャン。レニー・クラヴィッツとヴァネッサ・パラディの熱愛報道に嫉《しっ》妬《と》した友人のI君は日本武道館公演でレニー・クラヴィッツの眼にレーザー・ポインターを射出して、コンサートを一時中断させた。

【レピッシュ】れぴっしゅ〔バンド〕

NHKホールには日本最大のパイプオルガンがある。レピッシュのひとが借りに行ったら断られたそうだ。ところがYOSHIKIには簡単に貸した。

これこそ世の中ヤンキーに優しくサブカルに厳しいという例である。

【レベッカ】れべっか〔バンド〕
バブル期に絶大な人気を誇ったNOKKOをフィーチャーしたポップロック・バンド。ノッコはサディスティック・ミカ・バンドに参加する話があったが頓挫《とんざ》し「ノッコ」と改名。キーボードの土橋氏はなんとフランソワ・ケヴォーキアンのレーベルからディープハウスの作品を発表して世間をあっといわせた。

【レーベル】label〔一般〕
ベンチャー・ビジネスで成功するのはやはり１００に一つ、１０００に一つだということを音楽好きの若者が学ぶ場。

【レベル42】Level42〔バンド〕
最初はブランドーXをライヴァルにするような硬派のジャズファンク・バンドだったが、悪魔に魂を売ってワム！やカジャグーグーがライヴァルになった英国のバンド。

【レミー・キルミスター】Ian Fraser Kilmister (1945–2015)〔人物〕
「恐ろしい風貌だが実は良い人」というキャラクターが西洋でも人気があるということを日本人に知らしめた英国人ベーシスト。イボコロリのＣＭに出演してほしかった。

【連弾】れんだん〔奏法〕
→**【石橋エータロー／桜井センリ】**

【ろ】

【ロイ・エアーズ】Roy Ayers (1940–)〔人物〕
最初はボビー・ハッチャーソンをライヴァルとするような硬派のジャズ・ヴィブラフォン奏者だっ

たが、悪魔に魂を売り渡し、種馬バラードを歌ったりステージでコントを披露するなど、なりふりかまわなくなると、ジョージ・ベンソンがライヴアルになった。

【ロイ・オービソン】Roy Kelton Orbison（1936-1988）〔人物〕
眼鏡がトレードマークの美声のカントリーロック歌手。ビートルズが師と仰ぎ、前座を務めていたが、立場が逆転してロイ・オービソンが前座となったのでショックで自殺した。

【ロイド・ライアン】Lloyd Ryan（生年不詳）〔人物〕
英国のドラマー／ドラム教師。フィル・コリンズ、ジャミロクワイのデレク・マッケンジー、ステイタス・クオーのジョン・コグランの師匠なのだが、ドラム教師をやりながら初代ケンドー・ナガサキのマネージャーもやっていた。英国芸能界の深淵を垣間見た想いである。

【ロイヤリティ】royalty〔一般〕
骨肉の争いの原料である。

【ロカビリー】rockabilly〔ジャンル〕
まったく関係のない話で恐縮だが、東京の芦花《ろか》公園の隣に住んでいた頃、ビリーという名前のウサギを放し飼いにしていたことがある。

【60年代】ろくじゅう－ねんだい〔歴史〕
60年代に「すげえ！　おれたちは60年代に生きている！　なんてすごい時代なんだ！」なんてこと言っている奴は一人もいなかったな。ボブ・ディランの言葉である。

【六文銭】ろくもんせん〔バンド〕
日本のヒッピー－フォーク・グループ。メンバーの変遷が激しい。Gongやフェアポート・コンヴェンションみたいなものと思えばよろしい。

【ロシアントランス】russian trance〔ジャンル〕
電信柱によじ登り高圧トランスに抱きついて感電

ろ

するかどうか度胸試しするロシアン・ルーレットの一種。

【ロジャー・ウォーターズ】Roger Waters (1943-)〔人物〕
性格がややこしすぎて、自分がピンク・フロイドのリーダーなのに自分を解雇した。

【ロジャー・ダルトリー】Roger Harry Daltrey, CBE (1944-)〔人物〕
加藤茶に似たザ・フーのボーカル。ピート・タウンゼントがリードボーカルを取る時はマイクを振り回して、妨害している。

【ロジャー・マッギン】James Roger McGuinn (1942-)〔人物〕
ザ・バーズのハンサムなリーダー。ボブ・ディランをユダヤ教からキリスト教に改宗させたというのだからすごい。
→【ザ・バーズ】

【ロック】rock〔ジャンル〕
リズム&ブルーズやカントリーをもとに発達した、大人たちの消費主義や社会への服従に対する若者たちの反抗の表現音楽である。取り仕切っているのはもちろん消費主義の大人たちである。

【ロック・ステディ】rock steady〔ジャンル〕
ジャマイカ風にカバーされたソウル・ミュージック。著作権もへったくれもなかったのである。

【ロックンロール】rock'n'roll〔ジャンル〕
チャック・ベリーが演ってた音楽。としておこう。

【ロックンロール・リヴァイヴァル】rock'n roll revival〔ジャンル〕
60年代後期にチャック・ベリーがムショから出てくるとロックンロールの再興運動が巻き起こった。第2次アシッドハウス・ブームみたいなものである。シャナナやキャロルがここから登場した。ジョン・レノンのアルバム『ロックンロール』が発売される頃には下火になっていた。

【ロッテルダムテクノ】Rotterdam techno〔ジャンル〕
おれのガールフレンドが精神安定剤代わりに聴く音楽。

【ロッド・スチュワート】Roderick David "Rod" Stewart, Sir (1945–)〔人物〕
英国のソウル歌手。コンサートでステージからサッカーボールを観客席めがけて蹴るのが定番演出となっているので、観客はみなアイスホッケーのゴールキーパー姿でステージを見守っている。

【ローディー】roadie〔一般〕
織田信長に仕える木下藤吉郎のような者のこと。

【ロート・タム】Rototom〔楽器〕
目薬会社が作った太鼓。

【ロニー・スミス】Lonnie Smith (1942–)〔人物〕
白いターバンに杖というケレン味たっぷりのジャズ・オルガン奏者。麦チョコが大好物で与えると喜んでハモンドB‐3を一晩中弾きつづけるという。

【ロニー・ビッグス】Ronald Arthur Biggs (1929–2013)〔人物〕
1963年に大列車強盗で4000万ポンド強奪。逮捕されるが脱獄してブラジルに逃亡。そこでセックス・ピストルズにジョニー・ロットンの後任ボーカリストとして加入した。

【ロバート・ジョンソン】Robert Leroy Johnson (1911–1938)〔人物〕
戦前に活躍した伝説のブルーズ・シンガー。その生涯は謎に包まれていたが、近年続々と写真が発見されるようになった。そのうち爆笑NG集が付録に付いた映像も発掘されて、しまいには生きて現れ、毎日のようにテレビに出てくるものと思われる。

【ロバート・パーマー】Robert Allen Palmer (1949–2003)〔人物〕
アラン・ボウン・セット、ビネガー・ジョーとイギリスの黒いバンドを渡り歩き、ニューオーリンズ・ファンク色の強いソロアルバムを発表してたことをパワーステーション・ファンは知るまい。

【ロバート・プラント】Robert Anthony Plant, CBE (1948–)〔人物〕
怪鳥のようなカナキリ声を上げる少女趣味のボーカリストとして有名だが、最初はレイ・チャールズのそっくりさんとしてデビューしたことをレッド・ツェッペリン・ファンは知るまい。

【ロバート・フリップ】Robert Fripp (1946–)〔人物〕
「もしブルーズ・ギターがこの世に存在しなかったら、世の中ロバート・フリップみたいなギタリストだけになっていただろう」とは吾妻光良《あづまみつよし》先生談。ダックウォークとかは絶対にしない知的なギタリスト。

【ロバート・ワイアット】Robert Wyatt (1945–)〔人物〕
生意気なつっぱりジャズ・ドラマーだったが、怪我をしてからは聖人のように崇め奉られるようになった元ソフト・マシーンのひと。

【ロビー・ロバートソン】Robbie Robertson, OC (1943–)〔人物〕
混血インディアンの泥棒の息子として生まれたので、出自を隠すためにボブ・ディランの腰巾着《こしぎんちゃく》となって、フランス人のインテリ妻を娶《めと》り、マーティン・スコセッシの腰巾着となった、ロック界随一のものすごいスノッブ。

【ロビン・トロワー】Robin Trower (1945–)〔人物〕
ザ・パラマウンツ→プロコル・ハルムと有名なバンドで大成功したのに、なぜかジミ・ヘンドリックスのそっくりさんになって消えていったギタリスト。

【ロー・ファイ】lo-fi〔ジャンル〕
スティーリー・ダンからかけ離れること。

【ローフリケンシー・オシレーター】low frequency oscillator〔電気〕

電池が切れる寸前の電動こけし。

【ロマ音楽】ろま‐おんがく〔ジャンル〕
ジプシー・キングス、ジャンゴ・ラインハルト、ガボール・ザボ、フラメンコ、『ハンガリー狂詩曲』、『ツィゴイネルワイゼン』などがロマ音楽の影響を受けたヒットアーティスト、ヒット曲である。本来のロマ音楽は50枚くらいしかCDが売れないというのだからひどいはなしである。

【ローラ・ニーロ】Laura Nigro (1947–1997)〔人物〕
キャロル・キングとは不倶戴天《ふぐたいてん》の敵である。馬場VS猪木どころではない。

【ローランド】Roland〔企業〕
ローランド・カークが入社試験を受けても落ちるメーカー。

【ローランド・カーク】Rahsaan Roland Kirk (1935 or 36–1977)〔人物〕
3本のサックスを同時に吹く盲目のジャズマン。東京モード学園のCM曲『Soul Bossa Nova』でフルートを吹いているのはこのひとだったのです。

【ロリー・ギャラガー】Rory Gallagher (1948–1995)〔人物〕
英国ブルーズロック・シーンの代表的アイルランド人。

【ザ・ローリング・ストーンズ】The Rolling Stones〔バンド〕
ビートルズのライバル・バンド。ビートルズが解散したので勝った。「死は敗北なり」である。

【ロレッタ・リン】Loretta Lynn (1932–)〔人物〕
カントリー・ミュージックの神的カリスマ。ジッタリン・ジンとは何の関係もない。日本では絶望的に人気がないが店先に馬車の車輪を飾ったステーキやハンバーグの店に行くと流れている。

【ロン・ウッド】Ronald "Ron" David Wood (1947–)〔人物〕
ザ・ローリング・ストーンズがビートルズに勝っ

たあとに加入したギタリスト。ブライアン・ジョーンズの生涯より長い期間ザ・ローリング・ストーンズに在籍している。

【わ】

【ワイアレス】wireless〔電気〕
ケーブルを忘れて呆然とステージに立ちすくんでいるミュージシャン。

【ワイアレス・マイクロフォン】wireless microphone〔電気〕
ケーブルを足に引っかけて転倒した経験のある歌手が発明したのに違いない。

【ワイド節】わいど‐ぶし〔民謡〕
闘牛と選挙賭博の島、徳之島の新民謡。ロキシー・ミュージックやニコの目指した世界とは正反対の場所で鳴っている。まさに“Strictly Non Snob”のアンセムである。

【ワイニョ】huayno〔ジャンル〕
大阪から東京に出張中のひとが帰路、東京駅に行ったところ、新幹線が超満員、しかたなく羽田から飛行機で帰ることにしたので大阪に電話して曰く「混んどるわ〜飛んでいく」。

【ワウ・ペダル】wah-wah pedal〔電気〕
演奏しているひとの口が発声練習の発作みたいに自然に動いてしまうエフェクター。

【和製ポップス】わせい‐ぽっぷす〔ジャンル〕
日本製のポップスの意味だが、昭和の和だと思っているひとがいるそうである。

【渡辺貞夫】わたなべ‐さだお（1933‐）〔人物〕
いつも笑っている日本ジャズ界でいちばん偉いひと。もちろん阿部定とは無関係である。

【ワルター・ワンダレイ】Walter Wanderley（1931-1986）〔人物〕
ヤマハのエレクトーン教室で神格化されていたブラジル人オルガニストでデオダートの師匠。実はとんでもないアル中で、ホリデイ・インのラウンジで演奏中、鍵盤を枕に寝てしまい、ホテル中にものすごい不協和音が高速回転するレスリー・スピーカーから鳴り響いていたという。

【ワルツ】waltz〔ジャンル〕
ズンタッター、ズンタッター

【ワールド・ミュージック】world music〔ジャンル〕
英語で世界の音楽という意味。宇宙の音楽であるサン・ラ・アーケストラはここに含まれない。

【ワン・ラヴ】one love〔楽曲〕
ジャマイカの事実上の国歌となっているボブ・マーリーの曲。まあ『コンクリート・ジャングル』を国歌にするわけにはいかんからな。

【ん】

【ンバラ】mbalax〔ジャンル〕
サイサイ（ウォロフ語でヤクザ者の意味）が暴れまわるときのBGM。セネガルの音楽。よくわからないが「ん」の項目が欲しかったので無理やり入れたっぽい。

ん

音楽史年表

時代	西暦	出来事
有史以前		音楽の起源は有史以前にさかのぼり、それがどういうふうなものだったかその実相は定かではないが、スロベニアのDivje Babe １号窟で発見された４万３０００年前の骨笛にはヘヴィメタルバンドのロゴを刻んだ跡が発見されている。付近の他の洞窟からはこのバンドのロゴに大きな×マークを上書きした壁画が発見されていることから、当時すでにバンドごとに細分化されたファン同士が激しくいがみ合っていたことが推測される。 中国河南省の裴李崗文化（紀元前６０００年期）から出土したギター状の弦楽器のナット付近には焼け焦げた跡が見つかっており、当時すでにエリック・クラプトンのようにギターヘッドに煙草を挟むスタイルが一般化されていたことが窺える。
最古の歌		シリアのウガリットから出土した約３４００年前の粘土板にフルリ語で書かれていた文字から、これが三つの和音から成る楽譜であることが判明した。部分的に解読された歌詞は「始めに金ありき、次に演ずるため、３の合図で用意し、いざ始めなん、しこうして余の青い靴を踏みつけるでないぞよ、そなたが何をしようと意に介さぬが、余の青い靴を踏みつけるでないぞよ」というカール・パーキンスの『ブルー・スエード・シューズ』に酷似した内容であった。

古代ペルシャの音楽		ヘロドトスが記すところによればアケメネス朝時代のペルシャで音楽は特に宮殿において重要な役割を持ち、ミスラ神への礼拝などの宗教的祭事の時に非常に重要視され、神殿の周囲はミスラ神のTシャツを着た群衆が物販ブースに長蛇の列を成してパンフレットやキーホルダーを買い求め、神官たちは海賊版業者の摘発に忙殺されていたという。
古代アッシリアの音楽		アッシュールバニパル（生没年不明、前668～前627年在位）はアッシリアの王であった。彼が治めたアッシリアの首都ニネヴェから見つかった壁画彫刻（bas-relief）はユダヤ都市 Lachish の崩壊を描いており、その中にエラムの宮廷楽団が描かれていた。それには7人の奏者がおそらく悪徳マネージャーと考えられる1人を棒で打ちつける様子が含まれている。 前12世紀頃のラメセス3世の時代の壁画に描かれた「ハープ奏者の墓」と呼ばれている壁画彫刻には2人の盲目の奏者が描かれている。同時代のパピルスには盲目の奏者が『ジョージア・オン・マイ・マインド』と『スーパースティション』を交互に唄ったと記されている。
古代中国の音楽		中国には、古くより「楽」という概念があった。これは今日の「音楽」が有する娯楽・芸術的要素よりも政治・道徳・倫理的観点が重要視されていたことから、イギリスのアナーコパンク・バンド CRASS に類似するものであったと思われる。

七世紀	六五〇年 六五一年	スコラ・カントルムと呼ばれる聖歌の演奏教育機関がローマに創設される。 スコラ・カントルム閉鎖、教師が生徒に性的な課外授業を施したのに父兄が激怒したためである。
八世紀	七五〇年	フランク王国にてローマ聖歌とガリア聖歌が統合、グレゴリオ聖歌としてフジパシフィックミュージックとの間で著作権登録を交わす。
	七五六年 七五七年	コンスタンティノス5世がピピン3世にオルガンを献上。 ピピン3世がコンスタンティノス5世にオルガンを返上。もっと良いオルガンをeBayで購入したためである。置き場所に窮したコンスタンティノス5世はハードオフにオルガンを運ぶも査定額が3アスにしかならなかったため激怒して儀仗を店員の頭部に打ちつけたと伝えられている。
九世紀		現存するネウマ譜による最古の聖歌集が刊行された。それ以前の聖歌集はネウマ譜作成者によって焚書された。もちろん著作権を独占するためである。
十世紀	九二一年 九二二年	ウィンチェスターのオールドミンスターにオルガンが設置される。 ウィンチェスターのオールドミンスターのオルガンを撤去。月賦が払えなくなったためといわれている。
十一世紀		グイード・ダレッツォが現在の楽譜の記譜法の原型を考案。それまでの楽譜は全て焚書された。もちろんダレッツォが特許を独占するためであ

		る。南フランスの宮廷からトルバドゥールと呼ばれた吟遊詩人たちが現れる。あまりに増えすぎたためトルバドゥール組合が結成されるが、組合長選挙とそれに絡む使途不明金問題で流血騒ぎとなる。
十二世紀		線状のネウマから、四角形のネウマ記譜法へ移行。線状ネウマの権利者が記載に使用料を徴収すると宣言したために記譜者がいっせいに反発したのである。
十三世紀		定量記譜法が始まる。四角形ネウマ記譜法の権利者が記載に使用料を徴収すると宣言したために考案された。
十四世紀	一三〇〇年	現存する世界最古のカノン『夏は来りぬ Sumer is icumen in』がイギリスで作曲される。それまでのカノンは元ネタがバレるのを恐れた『夏は来りぬ』の作曲者によってすべて焚書された。
	一三六一年	ドイツのハルバーシュタット教会に、初めて鍵盤を備えたオルガンが設置される。それまでのオルガンはすべてのパイプに1人ずつ奴隷が配置されて演奏者の合図でパイプに空気を送り込んだり閉じたりしていた。
十五世紀		ルネッサンス音楽が興る。カソリック典礼の音楽もポリフォニー化が進み、極度に複雑化した和声の宗教曲が作られた。当時の記録によると「サン・ラ・アーケストラそっくり」であったそうである。またラテン語の歌詞が聴き取り不可能になってきたので画面の下にテロップを出すことが考案された。

		楽譜の印刷が始まる。誤表記がまたたくまに世間に広がり、多くの楽曲のメロディに決定的な変化をもたらした。
十六世紀	一五四五年	教皇パウルス3世によってトリエント公会議が召集され、すべての練習スタジオは終了5分前にストロボライトで終了を知らせることが決定された。高名な音楽理論家であるヴィンチェンツォ・ガリレイ（ガリレオ・ガリレイの父）が不協和音の使用を許した。ニューヨークにいたセロニアス・モンクはこの知らせに狂喜したという。
十七世紀	一六三七年	バロック音楽の隆盛。富裕な市民たちによってヴェネツィアにサン・カッシアーノ劇場が完成。こけらおとしは『アニー』か『ライオンキング』であったと推測されている。
	一六八七年	ハンブルクにオペラ劇場が完成。リヴァプールから呼び寄せたビートバンドを映画館のスクリーンの裏に寝泊まりさせ、奴隷のようにこき使い、劇場主は大儲けしたという。
	一七〇〇年	クリストフォリがフォルテ・ピアノを製作。それまではピアノ・ピアノしかなかったのであるが、これがどのような楽器だったかについては諸説ある。
十八世紀	一七一一年	イギリスのジョン・ショアが音叉を発明。それまでは楽器の調律を行う場合は絶対音感のあるものをそのつど馬車に乗せて連れて来る必要があった。
	一七二二年	J・S・バッハが『平均律クラヴィーア曲集』第1巻を発表。20年後に

	第2巻を完成。第3巻は150年後に出る予定であったが作曲者が死亡したため刊行されなかった。
一七二三年	ヴィヴァルディが最大のヒット曲『四季』を作曲。惜しくもグラミー賞は逃した。
一七五〇年	J・S・バッハが死去。バロック時代は終焉を迎えるが、すぐ「バロックス・ナット・デッド！」がバロッカーの合言葉となる。
一七八八年	モーツァルトが3大交響曲（39番、40番、41番）を同時に作曲。左手で39番、右手で41番、尻に挟んだペンで40番を書いたという。まさしく天才である。
一七九五年	パリ音楽院開校。
一七九六年	パリ音楽院閉鎖。教師が生徒にみだらな課外授業を施し父兄が激怒したためといわれている。
一七九八年	ハイドンが『天地創造』を初演。プログレッシヴ・ロックの幕開けである。
一七九九年	ベートーヴェンがピアノソナタ第8番『悲愴』を作曲。古典学派を扱うレコード会社は最高収益を記録し、社員全員がディスコのＶＩＰルームでコカイン大盤振る舞いの時代である。
十九世紀	
一八〇五年	ベートーヴェンの交響曲第3番『英雄』初演。自分がナポレオンになったという誇大妄想に取り憑かれた頃の作品である。
一八〇八年	ベートーヴェンの交響曲第5番『運命』、交響曲第6番『田園』初演。誇大妄想に取り憑かれ、精神衰弱に陥って、このままではカート・コバーンのように死ぬと感じたベートーヴェンは急に田舎に籠もり、菜食主義者になりサイエントロジーを信仰するようになった。

十九世紀中期	
一八二二年	シューベルトが交響曲『未完成』を初演。このときはまだ1小節しか完成してなかったという。
一八二四年	ベートーヴェンの交響曲第9番初演。商店街の歳末大売り出しに間に合わせるために突貫で書き上げたという。
一八三〇年	ベルリオーズの『幻想交響曲』初演。演奏に先立って客席にメスカリンガスが噴射されたという。
	アメリカでは、アフリカから連れてこられた黒人たちの音楽と、ヨーロッパからやってきた西洋音楽が互いに影響を及ぼし始める。ブルックリンのギャングがバッハのような髪型にしたり、オーストリア皇帝がパラダイス・ガレージでＤＪする姿が見られた。
一八六五年	ワーグナーの楽劇『トリスタンとイゾルデ』初演。この作品において「$\mathrm{B}_{7\ 13}^{\ -5}$」というコードが初めて使用され、観客席はどよめいた。バッハがすでに使用しているのを知らなかったのである。
一八七七年	トーマス・エジソンが円柱型アナログレコードを開発。試作品は直径2メートル高さ8メートルで運搬に貨車が必要だったという。
一八八七年	エミール・ベルリナーがＳＰレコードの原型である、円盤式蓄音機「グラモフォン」を開発。スタックス・レコードのレーベルロゴを見ている時にこの形を思いついた。
一八八八年	コロムビア・フォノグラフ創立。この時点ではまだアイアン・メイデンや久保田利伸とは契約していない。
一八九五年	マーラーの交響曲第2番『復活』初演。一度解散したのだがソロ活動が思わしくないので再結成したのである。

	一九〇〇年	初のトーキー映画がパリで上映。タイトルが伝わっていないことから、誰もが観たことを後悔するクソ映画だったのであろう。
二十世紀	一九〇二年	スコット・ジョプリン『ジ・エンターテイナー』作曲。映画『スティング』のテーマ曲として書かれたが、映画の製作は遅れに遅れて七十数年後となる。
	一九〇四年	プッチーニ作曲『蝶々夫人』初演。『宮さん宮さん』『さくらさくら』『お江戸日本橋』『君が代』『越後獅子』『かっぽれ（豊年節）』『推量節』など邦楽からのパクリのオンパレードである。著作権徴収組織のない日本にプッチーニは目を付けたのである。
	一九一〇年	マーラーの交響曲第8番『千人の交響曲』初演。巨大化の一途をたどっていたオーケストラの極限の形の一つ。同じ頃、中国では天安門広場に楽団１００万人を集めて『アナーキー・イン・ザ・ＵＫ』を演奏することが計画されたという。
	一九一三年	ストラヴィンスキーのバレエ『春の祭典』初演。不協和音が大胆に使われ、観客の頭蓋骨が次々と割れる騒ぎが起こる。
	一九一九年	世界初の電子楽器、テルミンが発明される。楽器に触れるとかぶれるというアレルギー体質のひと向けの楽器として開発が進められていた。
	一九二〇年	世界初のラジオ公共放送がアメリカ KDKA 局にて始まる。ラジオ受信機が発売されていなかったので、誰も聴けなかったという。
	一九二三年	シェーンベルクが無調に規律と秩序を与えた十二音技法を創始。しかしその後のオクターブを13に分割する技法に比べればまだまだ演奏可能な伝統的音楽であった。

一九二五年	BBCが最初のステレオラジオ放送を行う。2台のラジオがないと聴取不可能であったので、ラジオ商は大儲けであったが、ラジオ商とBBC幹部の癒着が発覚して大問題となりモノラル放送に戻る。
一九二八年	フリッツ・フロイマーがテープレコーダーの原型を完成させる。SONYのウォークマン・シリーズから着想を得たという。
一九三二年	世界最初のエレクトリック・ギター「リッケンバッカー・フライング・パン」発売。しかしアンプが発売されるのは数年後であったので、怒った購入者は腹いせに楽器店に放火したという。
一九三八年	ベニー・グッドマンがカーネギー・ホール初のジャズ・コンサートを行う。カーネギー・ホールとやらがそんなに偉いのかというだけの話である。
一九四二年	ビング・クロスビーの『ホワイト・クリスマス』が大ヒット。プロデューサーは鵠沼海岸の海の家経営者で、ヒマな冬の商売にレコード・プロデュースを思いつき、即座に曲を書き上げたという。
一九四五年	バークリー音楽大学創設。経営者は日本の家元制度にヒントを得てこの莫大な収益を上げるビジネスを思いついた。
一九五二年	偶然性の音楽を創始したケージの『4分33秒』初演。演奏者が緊張したためテンポが上がってしまい、実際には3分14秒くらいで終わったという。ラジオ放送された時は録音テープのピッチを落とし、4分33秒で放送された。
一九五五年	ストックホルム国際標準音会議にて1点A音を440ヘルツに設定。それまでは20ヘルツから20000ヘルツまでオーケストラによって幅があったので、チューニング時は乱闘騒ぎが常であった。

一九五六年	エルヴィス・プレスリー『ハートブレイク・ホテル』大ヒット。旅館で心臓発作を起こして腹上死するという歌詞が物議を醸した。
一九五七年	レナード・バーンスタイン作曲『ウエスト・サイド物語』初演。この興行権を巡ってニューヨークのギャング、シャーク団とジェット団の間で血で血を洗う抗争が勃発した。
一九五八年	第1回グラミー賞開催。この年以前のヒット曲やアーティストは全員受賞を逃した。
一九五九年	モータウン・レコード設立。このレーベルの成功に触発されてデトロイトに自動車生産工場が続々と誘致される。
一九六一年	オーネット・コールマン『フリー・ジャズ』発表。以降経済的にはますます自由から程遠い状況となる。
一九六二年	ビートルズ、ビーチ・ボーイズ、ボブ・ディランがレコード・デビュー。アントニオ・カルロス・ジョビンが結成される。イパネマの娘がザ・ローリング・ストーンズを発表。
一九六五年	ビートルズがシェイ・スタジアムで試合を行い延長18回を戦い代打のブライアン・エプスタインがサヨナラ場外ホームランを放ち2年後に死亡する。
一九六七年	サージェント・ペパーズ・ロンリー・ハーツ・クラブ・バンドが『ザ・ビートルズ』を発表。コンセプトアルバムのさきがけとなる。
一九六九年	ニューヨーク州ベゼルでウッドストック・フェスティヴァルが開催され、死亡者が数名出たが「愛の祭典」という映画会社の宣伝が功を奏し愛の祭典となる。

		カリフォルニアのオルタモント・レース場でザ・ローリング・ストーンズらがコンサートを行う。死亡者が数名出たが映画会社が「ヒッピー・ムーヴメントの闇」と宣伝したため、ヒッピー・ムーヴメントの闇となる。
一九七〇年代		音楽関係者の服装の趣味が悪化の一途を辿る。特に襟の大きさ、ネクタイの結び目の巨大さは極限に達した。
	一九七一年	マーヴィン・ゲイが『ホワッツ・ゴーイン・オン』を発表したためベトナム戦争が泥沼化する。
	一九七七年	セックス・ピストルズ『勝手にしやがれ!!』発売。しかし世間はすでに勝手に好き放題していたので拍子抜けしたピストルズは次の年に解散を発表。
	一九七九年	SONYが「ウォークマン」の発売開始。ウォークマンがどのようなものであったかについては、さまざまな説があるが、「自律的に2足歩行するロボット」のようなものではないかということで学説は一致しつつある。
	一九八二年	マイケル・ジャクソンの『スリラー』発表に合わせてＭＴＶが開局される。コンパクトディスク（ＣＤ）が発売される。当初は手鏡としての用途が注目された。
	一九八五年	チャリティー・コンサート「ライヴエイド」開催。『ウィ・アー・ザ・ワールド』発売。フィル・コリンズがコンコルドで大西洋横断したりとバブルの権化のような演出が世界中の度肝を抜き、誰も義援金の行方など追及しなかった史上最大のキレイゴト祭典であった。
一九八〇年代中期		この頃、音楽関係者の服装の趣味が最低最悪に達する。肩パッドの大きさとズボンの裾の細さが極限に達し、襟足は地面にとどくまで伸びた。

一九八七年	Ｕ２『ヨシュア・トゥリー』発売。シングルカットされた『ウィズ・オア・ウィズアウト・ユー』に触発された東ベルリン市民が蜂起しベルリンの壁が破壊され、ソ連が崩壊する。
一九九一年	ニルヴァーナ『ネヴァーマインド』発売。釣り餌に1ドル札を使用することが漁業関係者の間に広まるきっかけとなった。
一九九五年	ＤＶＤの登場。水面下ではすでにBlue-Rayの開発が進行中であった。
二十一世紀	
二〇〇一年	アップルコンピューターがデジタルオーディオプレイヤーiPodを発売。普通の楽曲なら数千曲、グレイトフルデッドの楽曲なら数曲がデジタルデータで格納されるようになった。
二〇〇五年	インターネット動画共有サービスYouTubeが設立される。しかしまだこの頃はYouTubeで強制的に広告を見せられるようになるとは誰も思っていなかった。
二〇一〇年	アップル社がタブレット型コンピューター「iPad」を発売。コカイン用の盆としての用途が音楽関係者の間で注目される。ジョン・レノン・ミュージアムが閉鎖。そもそもなぜ埼玉にという疑問が明かされることはついになかった。
二〇一五年	『バック・トゥ・ザ・フューチャー』のマーティが到着。ＥＤＭを学習し一九五五年に持ち帰る。エルトン・ジョンがドルチェ&ガッバーナに激怒し二度と着ないと宣言。
二〇一六年	ボブ・ディランがノーベル文学賞を受賞。ディラン自身は生理学賞を目指し「アンチョビはなぜ塩より辛いか」を研究中であったため、当初受賞を拒否との報道が流れたが、結局受賞。

◉付録 1　ギター各部の名称

ペグ
はみ出た弦で爪と指の間に突き刺さったり、目を突いて失明したりする

エリック・クラプトンが煙草を差し込む隙間

サウンド・ホール
通常はライヴ中にピックを落として慌てふためくための穴
シド・バレットはここに猫を入れて弾く

ブリッジ
S&Gの名曲『明日に架ける橋』はここを素早く掻き鳴らす

エンドピン
麻薬を隠すための穴
税関職員にはバレバレである

ヘッド
安物ギターもここに“Gibson”“Martin”などと書けば尊敬される

ナット
茨城県水戸市で製造されている

フレット
高音域にB.B.キングの太い指が入るのが不思議である

ポジションマーク
何フレットか表示する目印らしいがおそらく初心者のポジション・トークであろう

ピックガード
最前列の客がアイスピックで攻撃してくるので防御用に設けてある板

ピン
抜けなくなると焦ってペンチで引き抜こうとしてギターを壊してしまう。弁償で楽器屋はウハウハである

◉付録２　各地域で最も人気のあるバンド

◉付録3 音域表

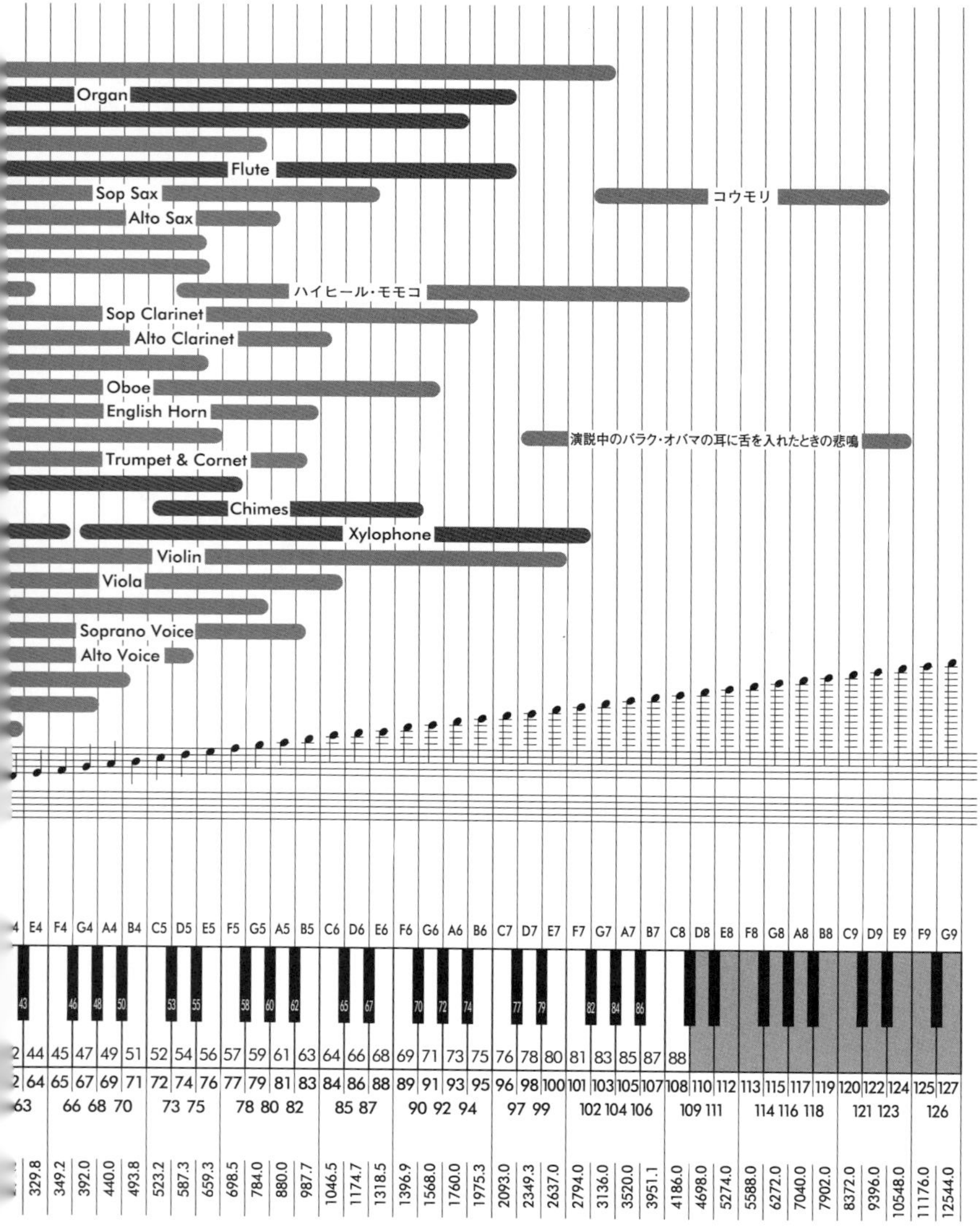
Organ
Flute
Sop Sax
Alto Sax
コウモリ
ハイヒール・モモコ
Sop Clarinet
Alto Clarinet
Oboe
English Horn
演説中のバラク・オバマの耳に舌を入れたときの悲鳴
Trumpet & Cornet
Chimes
Xylophone
Violin
Viola
Soprano Voice
Alto Voice
E4 F4 G4 A4 B4 C5 D5 E5 F5 G5 A5 B5 C6 D6 E6 F6 G6 A6 B6 C7 D7 E7 F7 G7 A7 B7 C8 D8 E8 F8 G8 A8 B8 C9 D9 E9 F9 G9
43 46 48 50 53 55 58 60 62 65 67 70 72 74 77 79 82 84 86
44 45 47 49 51 52 54 56 57 59 61 63 64 66 68 69 71 73 75 76 78 80 81 83 85 87 88
64 65 67 69 71 72 74 76 77 79 81 83 84 86 88 89 91 93 95 96 98 100 101 103 105 107 108 110 112 113 115 117 119 120 122 124 125 127
63 66 68 70 73 75 78 80 82 85 87 90 92 94 97 99 102 104 106 109 111 114 116 118 121 123 126
329.8 349.2 392.0 440.0 493.8 523.2 587.3 659.3 698.5 784.0 880.0 987.7 1046.5 1174.7 1318.5 1396.9 1568.0 1760.0 1975.3 2093.0 2349.3 2637.0 2794.0 3136.0 3520.0 3951.1 4186.0 4698.0 5274.0 5588.0 6272.0 7040.0 7902.0 8372.0 9396.0 10548.0 11176.0 12544.0

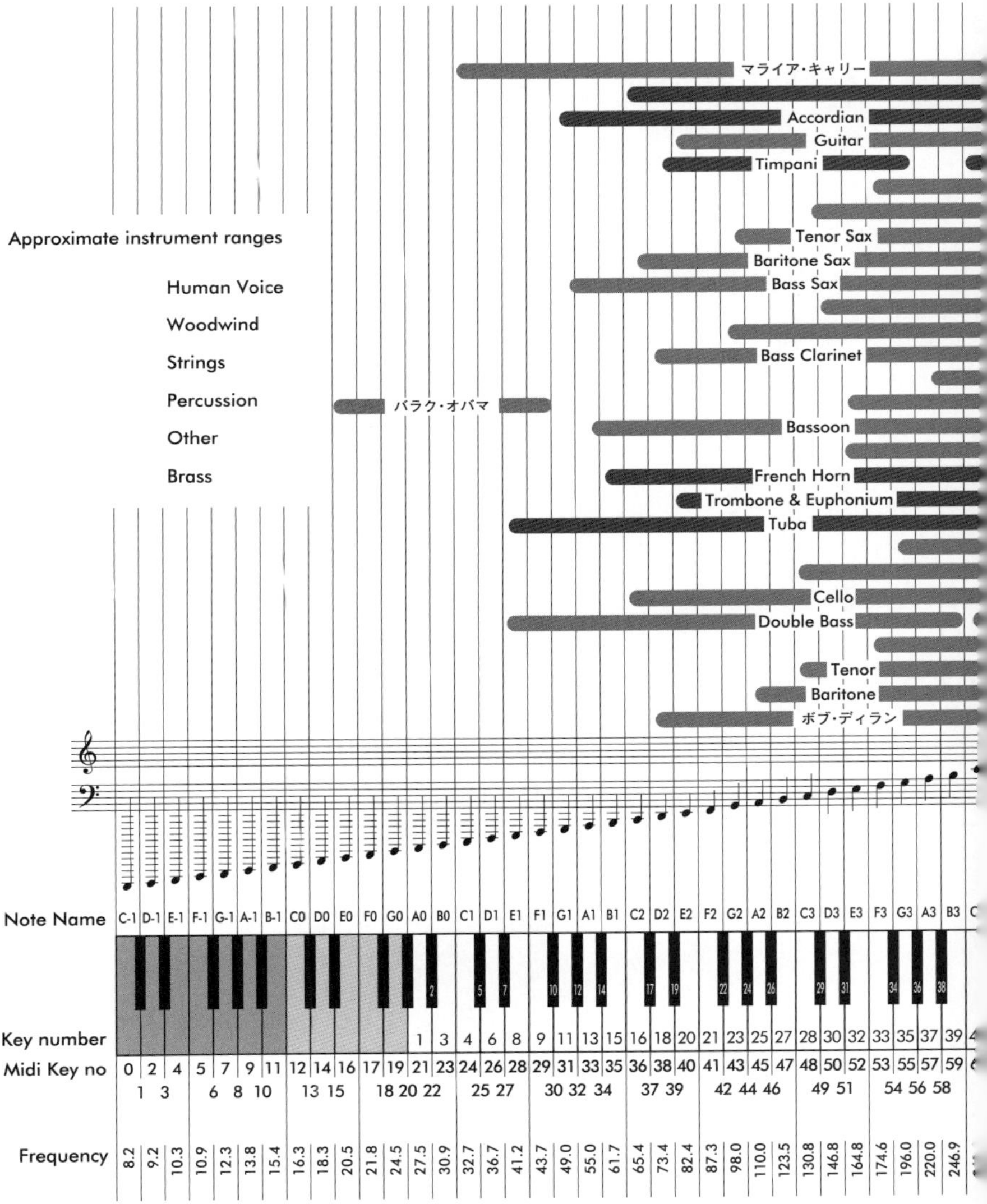
マライア・キャリー
Accordian
Guitar
Timpani
Tenor Sax
Baritone Sax
Bass Sax
Bass Clarinet
バラク・オバマ
Bassoon
French Horn
Trombone & Euphonium
Tuba
Cello
Double Bass
Tenor
Baritone
ボブ・ディラン
Approximate instrument ranges
Human Voice
Woodwind
Strings
Percussion
Other
Brass
Note Name
C-1 D-1 E-1 F-1 G-1 A-1 B-1 C0 D0 E0 F0 G0 A0 B0 C1 D1 E1 F1 G1 A1 B1 C2 D2 E2 F2 G2 A2 B2 C3 D3 E3 F3 G3 A3 B3
Key number
1 2 3 4 5 6 7 8 9 10 11 12 13 14 15 16 17 18 19 20 21 22 23 24 25 26 27 28 29 30 31 32 33 34 35 36 37 38 39
Midi Key no
0 1 2 3 4 5 6 7 8 9 10 11 12 13 14 15 16 17 18 19 20 21 22 23 24 25 26 27 28 29 30 31 32 33 34 35 36 37 38 39 40 41 42 43 44 45 46 47 48 49 50 51 52 53 54 55 56 57 58 59
Frequency
8.2 9.2 10.3 10.9 12.3 13.8 15.4 16.3 18.3 20.5 21.8 24.5 27.5 30.9 32.7 36.7 41.2 43.7 49.0 55.0 61.7 65.4 73.4 82.4 87.3 98.0 110.0 123.5 130.8 146.8 164.8 174.6 196.0 220.0 246.9

平凡社版によせて

本書は今を去る２０１４年の春に刊行された焚書舎版『荒唐無稽音楽事典』に大幅な加筆および図版を追加し、大規模な改訂を加えたものである。初版は矛盾、誤謬、誤字脱字、齟齬撞着、社会規範に抵触する怪しからぬ表現に充ちた有害図書であった。いまも国立国会図書館の地底深くに蔵書されており、永田町一帯に不吉な磁場を放っているはずである。しかしながら筆者の異常なる精神の産物である旧版が広く支持されたことは非常なる驚きであった。かかる悪書を欲す異常者が、この世に潜在していたということは、まことにわが国の精神の荒廃、社会の疾患といえまいか。このたび版を新たにするにあたって、筆者が心掛けたのは、さらなる狂気の表出と、文字を大きくすることである。なにしろ焚書舎版は筆者もろくすっぽ読めないほど文字が小さかったのである。40代以上の読者の中には、この事典によって老眼を認識し本を放り投げた者も多いと聞く。もとより真面目に読む読者を想定しておらず、紙吹雪の原料にでも用いられれば幸甚、という支離滅裂な出版物ではあったのだが、平凡社版においてはさらに新型シュレッダーの試験運転という用途も考慮した。もちろん人力にて破砕しストレスを発散していただいてもよろしいかと思う。項目の選定は筆者自らが、よみうりランドの立ち乗りループコースター上で絶叫しながらの思索の末に決定した。高等学校卒業程度認定試験合格者とはいえ、1人の人間の頭脳力には限界があり、また趣味的にも思想的にも偏執的な傾向があるのは1ページ目から判明していることではあるが、本文中の矛盾の解消は読者諸氏におまかせしたい。また本書の不備なる点や疑問について筆者を追及するのは勘弁していただきたい。問い合わせても断固たる居留守を使う所存である。最後に平凡社の小出女史に謝意を表したい。彼女の美貌がなければ初回の打ち合わせは乱闘に終わっていたであろう。

2017年2月
羽田空港滑走路上にて作業員の怒号と追跡を背に受けつつ

高木壮太

高木壮太（たかぎ・そうた）

1968年徳島県生まれ。鍵盤奏者。1990年代よりスタジオミュージシャン、音楽作家として活動を始める。数々のバンドのサポートミュージシャンとしても国内外で活躍し、現在はファンクバンド「CAT BOYS」キーボーディストや「井の頭レンジャーズ」プロデューサーとしても活躍。著書に『プロ無職入門』（P-Vine Books）。映像作品に『RAWLIFEとその時代』。

新荒唐無稽音楽事典

二〇一七年二月二十二日　初版第一刷発行

著者　高木壮太

発行者　下中美都

発行所　株式会社平凡社

〒一〇一―〇〇五一

東京都千代田区神田神保町三―二九

電話　〇三―三二三〇―六五八四（編集）

〇三―三二三〇―六五七三（営業）

振替　〇〇一八〇―〇―二九六三九

ホームページ　http://www.heibonsha.co.jp/

装幀　國枝達也

印刷　株式会社東京印書館

製本　大口製本印刷株式会社

ISBN 978-4-582-83750-6

NDC分類番号 760　四六判（18.8cm）　総ページ 272